eew

Ernst Wolff

FINANZ-TSUNAMI

Wie das globale Finanzsystem uns alle bedroht

edition e. wolff

ISBN 978-3-00-057533-4

Kontakt: editionewolff.com

Product footprint
CO_2 Neutral
NC-CFM-015258
www.nepcon.net

FSC
www.fsc.org
MIX
Papier aus verantwortungsvollen Quellen
FSC® C014138

Druck und Bindung: Finidr, Český Těšín

Bibliografische Informationen der Deutschen Nationalbibliothek

Die Deutsche Nationalbibliothek verzeichnet diese Publikation in der Deutschen Nationalbibliografie, detaillierte bibliografische Angaben sind im Internet über http://dnb.ddb.de abrufbar.

Für Mohamed Bouazizi – stellvertretend für alle, denen das gegenwärtige Finanzsystem die Chance auf ein menschenwürdiges Leben verwehrt.

Mohamed Bouazizi, 1984 geboren, ernährte nach dem Tod seines Vaters als Straßenhändler im tunesischen Sidi Bouzid seine Mutter und seine fünf Geschwister und machte selbst das Abitur. Im Januar 2011 untersagten ihm die Behörden mehrmals das Betreiben seines Gemüsestandes und entzogen ihm seine Waage. Mohamed übergoss sich in der Folge aus Verzweiflung mit Benzin. Sein Tod löste die Massenproteste des »Arabischen Frühlings« aus.

INHALT

Es ist gut, dass die Menschen der Nation unser Banken- und Geldsystem nicht verstehen, denn sonst hätten wir vermutlich noch vor morgen früh eine Revolution.[1]

– Henry Ford, Gründer der *Ford Motor Company*

VORWORT

Ob in den Bereichen Gesellschaft und Politik, Wissenschaft und Technik oder Wirtschaft und Finanzen – die Welt um uns herum verändert sich gründlicher und schneller als jemals zuvor. Gleichzeitig drohen wir unter einer Lawine von Informationen zu ersticken, die kein Einzelner mehr verarbeiten kann.

Als Folge dieser Entwicklung blüht das Spezialistentum. Wir haben es uns zur Gewohnheit gemacht, dem Urteil von Experten zu vertrauen. Sie sind unsere Blindenhunde in einer Welt, die so unübersichtlich geworden ist, dass wir uns nur noch mit fremder Hilfe darin zurechtfinden. Was aber, wenn ihre Informationen nicht stimmen? Was, wenn uns die Experten – aus welchen Gründen auch immer – ein falsches Bild der Wirklichkeit vermitteln? Wenn sie die Entstehung von Gefahren verschweigen, die uns Kopf und Kragen kosten können?

Dieses Buch soll dazu beitragen, ein Thema zu erhellen, auf das genau diese Befürchtungen zutreffen. Das **Finanzwesen** ist uns jahrzehntelang als ein Teilbereich der Wirtschaft präsentiert worden, der sich nur Fachleuten erschließt und normale Bürger nicht zu interessieren braucht, weil er ihr Alltagsleben nur am Rande berührt.

Das Gegenteil ist der Fall: Die Finanzwirtschaft prägt unser Leben wie kein anderer Lebensbereich jemals zuvor. Von der Öffentlichkeit weitgehend unbemerkt, hat sich die Finanzindustrie zur mächtigsten und alles entscheidenden Größe auf unserem Planeten entwickelt. Dabei lenkt und leitet ihr Führungspersonal die Geschicke der Welt großenteils aus dem Verborgenen und auf eine Art und Weise, die selbst bei genauer Betrachtung nur schwer zu durchschauen ist. Aus diesem Grund ist es einer Unzahl von Experten gelungen, uns jahrzehntelang über ihr wahres Wirken hinwegzutäuschen.

Die dramatischen Veränderungen der vergangenen Jahre, insbesondere der Beinahe-Crash von 2008, haben viele Menschen jedoch aufgeschreckt. Zu Recht, denn bei näherer Betrachtung des Finanzsystems stellt man fest, dass es bereits zweimal nur durch Notmaßnahmen am Leben erhalten werden konnte und dass es sich zurzeit auf einem Weg befindet, an dessen Ende Gewalt, Zerstörung und die vollständige Unterwerfung der Welt unter das Diktat einer winzigen Gruppe ultra-vermögender Personen stehen. Es ist also allerhöchste Zeit, den Experten zu misstrauen und sich selbst ein Bild von der Wirklichkeit zu machen.

Genau diesem Zweck soll das vorliegende Buch dienen. Es ist kein Fachbuch, das sich an ein Publikum mit einschlägigen Vorkenntnissen wendet. Im Gegenteil: Es ist vor allem für Menschen geschrieben, denen das Finanzsystem bisher ein Buch mit sieben Siegeln gewesen ist. Es versucht ganz bewusst, die vernebelnde Fachsprache der Finanzwelt zu vermeiden und die Entstehung, die Geschichte und die Funktionsweise unseres gegenwärtigen Finanzsystems in möglichst verständlicher und anschaulicher Form darzustellen und zu erklären.

Ziel des Autors ist es, einen Beitrag zur Lösung der in seinen Augen wichtigsten Aufgabe unserer Zeit zu leisten: Die von ihrer Arbeit lebenden Menschen in die Lage zu versetzen, der Finanzindustrie die Kontrolle über den Lauf der Welt zu entreißen und die Dinge selbst in die Hand zu nehmen, um kommenden Generationen ein von sozialer Gerechtigkeit geprägtes, gewaltfreies und menschenwürdiges Dasein zu ermöglichen.

1. DIE NEUE SUPERMACHT: DIE FINANZMÄRKTE

Dass »Geld die Welt regiert« wird von niemandem mehr ernsthaft bestritten. Die Art und Weise, wie es seine Macht ausübt, hat sich in den vergangenen Jahren und Jahrzehnten allerdings erheblich verändert. Hielt sich vor allem das große Geld früher eher diskret im Hintergrund, so hat es diese Zurückhaltung weitgehend aufgegeben und sonnt sich heutzutage geradezu im Rampenlicht – vor allem in Gestalt der »**Finanzmärkte**«.[2]

Kaum eine Nachrichtensendung, in der nicht danach gefragt wird, was denn die Finanzmärkte zu dieser oder jener Entscheidung sagen. Werden wichtige politische Weichen gestellt, so wird zuerst einmal überlegt, wie denn die Finanzmärkte darauf reagieren könnten. Wollen Politiker oder Wirtschaftler Vorschläge der Konkurrenz in ein schlechtes Licht rücken, verweisen sie einfach auf deren negative Auswirkungen auf die Finanzmärkte.

Die Finanzmärkte scheinen zum Maß aller Dinge geworden zu sein. Wieso? Was hat ihnen so viel Macht verliehen? Wer ist für diese Entwicklung verantwortlich? Werfen wir einen kurzen Blick auf ihre Geschichte: Der Aufstieg des **Finanzkapitals**[3], aus dem die heutigen Finanzmärkte hervorgegangen sind, begann im 19. Jahrhundert. Damals sorgten die Banken durch das Verleihen von Geld – die Kreditvergabe – dafür, dass die Industrie durch Investitionen wachsen konnte. Nach und nach gewannen sie durch die Einnahme von Zinsen immer mehr Macht und Einfluss, bis sie mit Beginn des 20. Jahrhunderts – von der Öffentlichkeit weitgehend unbemerkt – das wirtschaftliche und politische Geschehen aus dem Hintergrund zu lenken und zu leiten begannen.

Getrieben vom Hunger nach immer höheren Profiten entstand ein zunehmend schärferer internationaler Wettbewerb. Er gipfelte in kriegerischen Konflikten, die von den Banken wiederum zur Kreditvergabe genutzt wurden. Nach zwei Weltkriegen übernahmen die vor allem durch diese Kreditvergabe zur Weltmacht aufgestiegenen Finanzinstitute der New Yorker Wall Street die globale Führung. Auf der **Konferenz von Bretton Woods** wurde 1944 von der Politik ein Währungssystem ins Leben gerufen, das ganz und gar auf die Bedürfnisse der Wall Street zugeschnitten war und die gesamte Welt der Herrschaft des US-Dollars unterwarf.

Der anschließende **Nachkriegsboom**[4] schürte bei vielen Menschen die Illusion, dass nun auf der Grundlage ungebrochenen Wachstums ein Zeitalter des Friedens und des Wohlstands angebrochen sei. Mit dem Ende dieses Booms zu Beginn der siebziger Jahre stieß das Finanzkapital jedoch an die ihm gesetzten Grenzen. Die Politik reagierte und verhalf ihm im letzten Drittel des 20. Jahrhunderts durch die »**Deregulierung**« – die Abschaffung zahlreicher rechtlicher Einschränkungen – zum größten Schub seiner Geschichte. Diese Deregulierung ließ den Finanzsektor förmlich explodieren und ermöglichte es dem internationalen Finanzkapital, sich zu einem erheblichen Teil von der Realwirtschaft[5] zu lösen, ihre Größe innerhalb weniger Jahre um ein Vielfaches zu übertreffen und unter dem Namen »die Finanzmärkte« ein nie dagewesenes Eigenleben zu beginnen.

Dabei ist der Begriff »Finanzmärkte« selbst irreführend: Die klassischen Märkte waren Handelsplätze, auf denen sich Käufer und Verkäufer gleichberechtigt gegenüberstanden und der Preis der Waren durch das Wechselspiel von Angebot und Nachfrage bestimmt wurde. Die Finanzmärkte von heute haben weder mit Gleichberechtigung, noch mit Angebot und Nachfrage zu tun. Sie werden gelenkt, gesteuert und manipuliert, und zwar von den großen Investoren dieser Welt, d. h. internationalen Großbanken, Hedgefonds[6], multinationalen Konzernen und – seit einiger Zeit in immer größerem Ausmaß – von den Zentralbanken.[7]

Auch wenn wir uns der Ursache häufig nicht bewusst sind, spüren wir alle tagtäglich die Auswirkungen: Das Geschehen an den Finanzmärkten beeinflusst die Höhe unseres Lebensstandards und entscheidet darüber, welche Ausbildungs- und Beschäftigungschancen wir haben, ob wir im Krankheitsfall abgesichert oder im Alter versorgt sind. Es legt fest, wer uns regieren darf und wann und unter welchen Umständen unsere demokratischen Freiheiten eingeschränkt werden können; wie weit Klima und Umwelt zerstört und bis zu welcher Höhe zukünftige Generationen mit Schulden belastet werden dürfen, die sie selbst nicht zu verantworten haben. Sogar die Frage, ob wir in Frieden leben oder von sozialen Unruhen oder gar von Krieg und im schlimmsten Fall von einer nuklearen Katastrophe bedroht werden, hängt letztlich vom Geschehen an den Finanzmärkten ab.

Trotz dieser enormen Bedeutung scheuen die meisten Menschen davor zurück, sich näher mit der Wirkungsweise und den Gesetzmäßigkeiten unseres Finanzsystems zu beschäftigen. Viele fürchten, die Zusammenhänge auch bei genauem Hinsehen nicht zu verstehen. Gleichzeitig aber verspüren sie auf Grund der von den Finanzmärkten ausgehenden Veränderungen ein zunehmend mulmiges Gefühl.

Kein Wunder, denn neben den am eigenen Leib gemachten Erfahrungen ist die arbeitende Bevölkerung der gesamten Welt heute mit einigen zutiefst beunruhigenden Entwicklungen konfrontiert. Eine der wichtigsten dürfte die **Explosion der sozialen Ungleichheit** sein. Die Hilfsorganisation Oxfam hat festgestellt, dass im Jahr 2014 fünfundachtzig Personen, im Jahr 2015 nur noch zweiundsechzig Personen und 2016 noch ganze acht Personen über das gleiche Vermögen verfügten wie die ärmere Hälfte der Menschheit.[8] Das US-Magazin Forbes hat im März 2017 berichtet, dass die Zahl der Milliardäre 2016 weltweit um insgesamt 233 auf 2.043 und ihr Reichtum im selben Zeitraum auf 7,67 Billionen[9] US-Dollar angestiegen ist.[10]

Auch wenn diese Zahlen nur grobe Schätzwerte sein können, so enthüllen sie doch mehr als nur ein krasses Missverhältnis. Sie verdeutlichen, dass der Einkommensabstand zwischen den Menschen, die ihren Lebensunterhalt verdienen müssen, und denen, die von ihrem Vermögen leben können, nicht nur größer ist als jemals zuvor, sondern in einem nie dagewesenen Tempo zunimmt.

Hinzu kommt, dass dieser Trend durch die bestehenden Gesetze nicht abgemildert, sondern sogar noch gefördert und beschleunigt wird: Das Erbrecht begünstigt wohlhabende Erben gegenüber Bürgern aus einfachen Einkommensverhältnissen und das Steuerrecht bittet Arbeitseinkommen grundsätzlich stärker zur Kasse als angehäufte oder ererbte Vermögen – und zwar weltweit. Ganz zu schweigen von den zahllosen legalen Steueroasen[11], die den Wohlhabenden und ihren Unternehmungen rund um den Globus zur Verfügung stehen, während Sparer, die ihr hart erarbeitetes Geld im eigenen Land anlegen, immer weniger Zinsen erhalten und sogar damit rechnen müssen, dass ihnen durch Negativzinsen ein Teil ihres Geldes genommen wird.

Auch die Zunahme militärischer Konflikte, die daraus resultierenden Flüchtlingsströme, die weltweite Aufrüstung und die immer häufigeren Terrorakte bereiten den Menschen Angst. Am tiefsten aber verunsichert sie das Verhalten von Politik und Medien: Während die Medien verkaufsfördernd zwischen Euphorie und Panikmache hin- und herschwanken, flüchten sich Politiker fast einhellig in Besänftigung, Beschwichtigung und Verharmlosung. Dabei wirken sie in Wirtschafts- und Finanzfragen oft überfordert, unzureichend informiert oder vollkommen ahnungslos und weisen vor allem für die jüngere Vergangenheit eine verheerende Bilanz auf.

Selbst nach dem Beinahe-Crash des globalen Finanzsystems von 2008 und während der immer wieder aufflackernden Eurokrise haben Politiker trotz zahlreicher Ankündigungen und Versprechungen nicht eine einzige wirksame Maßnahme getroffen, um die Auswüchse an den Finanzmärkten einzudämmen und gefährliche Fehlentwicklungen zu stoppen. Im Gegenteil: Zunächst haben sie die Verursacher der Krise über alle nationalen Grenzen hinweg für »too big to fail« (»zu groß, um sie zusammenbrechen zu lassen«) erklärt und sie vor dem Bankrott gerettet, indem sie private Verluste durch öffentliche Gelder (Steuern) ausglichen. Seit 2008 lassen sie ihnen unter dem Vorwand, die lahmende Wirtschaft wieder ankurbeln zu wollen, von den Zentralbanken Unmengen an Geld zur Verfügung stellen – obwohl offensichtlich ist, dass diese Summen nicht als Kredite in die Realwirtschaft, sondern zum überwiegenden Teil zur Spekulation in den Finanzsektor fließen und das System so noch instabiler, krisenanfälliger und unsozialer machen.

Zu ihrer Rechtfertigung beruft sich die Politik auf die immer gleichen Argumente: Die Maßnahmen seien notwendig und unumgänglich, da die Finanzmärkte sonst Schaden nehmen oder gar zusammenbrechen könnten. Der Logik der offiziellen Politik zufolge handelt es sich bei den Finanzmärkten um eine dem Willen der Menschen entzogene Macht, der wir uns alle – so wie dem Wetter oder anderen Naturphänomenen – fügen müssen.

Ist das wirklich so? Sind die Finanzmärkte tatsächlich etwas, auf das wir keinen Einfluss haben und deren Kapriolen und zum Teil verheerende Konsequenzen wir widerspruchslos hinnehmen müssen? Sind wir gezwungen, tatenlos mit anzusehen, wie die Welt um uns herum immer instabiler, unsicherer und unsozialer wird? Oder wird uns das nur gesagt, um uns ruhig zu stellen und zu verhindern, dass wir uns dagegen auflehnen? Verbirgt sich hinter dem Bild, das uns seit Jahren von den Finanzmärkten vermittelt wird, vielleicht etwas, das wir nicht wissen oder nicht wissen sollen?

2. EINE ERSTE KURZ-DIAGNOSE

Um uns dem Thema schrittweise anzunähern, verschaffen wir uns zuerst einmal einen Überblick über die gegenwärtige Situation. Dazu bedienen wir uns eines kleinen, aber hilfreichen Tricks: Wir stellen uns das offensichtlich kranke Finanzsystem einmal als Patienten vor und werfen einen Blick in seine Krankenakte.

Was sehen wir dort?

> *Der »Patient« ist ca. 75 Jahre alt. Seine Probleme haben mit Mitte zwanzig eingesetzt. Durch stützende Maßnahmen gelang es fast dreißig Jahre lang, ihn stabil zu halten. Mit Mitte fünfzig erlitt er einen Zusammenbruch, den er nur aufgrund schnell eingeleiteter Notmaßnahmen überstand. Zehn Jahre später erfolgte ein zweiter Zusammenbruch, der erheblich weitergehende Eingriffe notwendig machte. Wegen deren Nebenwirkungen befindet sich der Patient seitdem im Koma und wird durch immer stärkere Infusionen künstlich am Leben gehalten.*

So unerfreulich die Botschaft auch ist, der Krankenbericht gibt den Zustand des globalen Finanzsystems recht genau wieder. Gehen wir die Angaben im Einzelnen durch:

Der »Patient« ist ca. 75 Jahre alt.

Unser derzeitiges globales Finanzsystem wurde 1944 durch die Konferenz von **Bretton Woods** ins Leben gerufen. Damals zeichnete sich bereits ab, dass die USA als wirtschaftlich, finanziell und militärisch stärkste Nation aus dem Zweiten Weltkrieg hervorgehen würden. Unter diesen Vorzeichen wurde in Bretton Woods beschlossen, den US-Dollar zum Preis von 35 Dollar pro Feinunze an Gold zu binden und alle anderen Währungen der Welt (mit Ausnahme der Währungen der Sowjetunion und der Ostblockstaaten) zu festen Wechselkursen an den Dollar zu binden.

Das war ein bedeutender geschichtlicher Einschnitt, denn damit wurde zum ersten Mal eine für den größten Teil der Welt geltende Regelung zur Ordnung des Geldsystems geschaffen. Außerdem wurde erstmalig die Währung eines einzelnen Landes (der neuen Supermacht USA) zur globalen **Leitwährung** (und damit zur mächtigsten Währung der Welt) erklärt – ein Sonderstatus, den sich der US-Dollar bis in unsere Zeit bewahrt hat.

Seine Probleme haben mit Mitte zwanzig eingesetzt.

Der vor allem durch den Warenexport der USA wachsende Welthandel erzeugte in den importierenden Ländern einen steigenden Bedarf an Dollars. Die weltweit zirkulierende Dollarmenge nahm deshalb unablässig zu, bis sie Ende der sechziger Jahre so groß wurde, dass die USA den Umtausch von Dollar in Gold zu dem in Bretton Woods festgelegten Kurs nicht mehr garantieren konnten. Als die Situation wegen anhaltend steigender Goldnachfrage für die USA kritisch wurde, verkündete der damalige US-Präsident Richard Nixon am 15. August 1971 die **Aufhebung der Gold-Dollar-Bindung**.

Dieses Datum ist von allergrößter Bedeutung, denn seit diesem Tag basiert das weltweite Währungsgefüge nicht mehr auf seiner Koppelung an einen festen Wert (Gold), sondern nur noch auf dem Vertrauen aller Marktteilnehmer in die Stärke des US-Dollars und damit in die globale Vormachtstellung der USA. Eine solche ungedeckte Währung nennt man **Fiat-Geld** (lateinisch »fiat« = es werde)

Die zunehmende Menge an Dollars und seine daraus folgende Wertminderung brachten das internationale Geldsystem in der Folgezeit immer stärker ins Wanken. Einzelne Länder lösten ihre Währungen vom Dollar und lockten damit Spekulanten an, die an Auf- und Abwertungen zu verdienen versuchten.[12] Das erzeugte immer größere Schwankungen der Wechselkurse und führte 1973 dazu, dass die meisten Länder der Welt ihre Währungen freigaben. Zwei Jahre nach der Lösung der Gold-Dollar-Bindung war das Bretton-Woods-System somit beendet.

Durch stützende Maßnahmen gelang es fast dreißig Jahre lang, den Patienten stabil zu halten.

Trotz fehlender Golddeckung gelang es dem Dollar, die folgenden Jahre und Jahrzehnte nicht nur zu überstehen, sondern sogar an Macht und Einfluss zu gewinnen. Ursache war ein in den siebziger Jahren zwischen den USA und Saudi-Arabien geschlossenes, jahrelang weitgehend geheim gehaltenes Abkommen.[13] Darin garantierte Saudi-Arabien den USA, innerhalb der **OPEC** (Organization of the Petroleum Exporting Countries = Organisation erdölexportierender Länder) dafür zu sorgen, dass Öl weltweit nur noch in Dollar gehandelt wurde – die Geburtsstunde des **Petro(Erdöl)dollars**. Im Gegenzug sagten die USA dem saudischen Königshaus Schutz gegen seine Feinde in der Region (insbesondere Iran, Israel und die libanesische Hisbollah) und Waffenlieferungen in unbegrenzter Höhe zu.

Da Öl überall auf dem Globus zur Energiegewinnung benötigt wird und es sich deshalb bei ihm um die international meistgehandelte Ware handelt, sind sämtliche Zentralbanken der Welt seit der Einführung des Petrodollars gezwungen, einen großen Teil ihrer Devisen-(Fremdwährungs-)Reserven in US-Dollar zu halten. Auf diese Weise hat das saudisch-amerikanische Abkommen dem Dollar nach seinem Status als globaler Leitwährung auch noch den der globalen **Reservewährung** verschafft und den Rest der Welt so in eine noch stärkere Abhängigkeit vom Dollar und von der US-amerikanischen Geldpolitik gebracht.

Anfang der siebziger Jahre endete auch der wirtschaftliche »Nachkriegs-Boom«, der in Deutschland vor allem durch den Wiederaufbau und die Beseitigung der Kriegsschäden bedingt war und in den fünfziger Jahren als »**Wirtschaftswunder**« gefeiert wurde. Die Weltwirtschaft geriet ins Stocken, Investoren sahen ihre Verdienstmöglichkeiten schwinden.

Abhilfe schaffte die in der zweiten Hälfte der siebziger Jahre einsetzende und bis heute anhaltende **Deregulierung** des Finanzsektors: Der Finanzwirtschaft wurden weltweit durch den Abbau gesetzlicher Einschränkungen[14] zunehmend größere Spielräume verschafft, die es ihr erlaubten, immer höhere Risiken einzugehen. Dadurch kam es zu einer Ausweitung des Finanzsektors, in deren Verlauf Investoren immer mehr Geld in die Finanzspekulation und im Verhältnis dazu immer weniger Geld in die Realwirtschaft steckten – eine Entwicklung, die in den achtziger und neunziger Jahren gewaltig an Fahrt aufnahm, bis heute anhält und die man als **Finanzialisierung** bezeichnet.

Finanzialisierung und Deregulierung führten u. a. dazu, dass Finanzprofis immer mehr **Hedgefonds**[15] gründeten. Sie arbeiten wie Banken, unterliegen aber nicht deren rechtlichen Einschränkungen und können daher bei der Geldanlage erheblich höhere Risiken eingehen. Die Einführung dieser Hedgefonds hatte für die Banken einen überaus wichtigen Nebeneffekt: Sie konnten von nun an selbst Hedgefonds gründen und so durch vollkommen legale Umgehung aller Vorschriften genau die Geschäfte betreiben, die ihnen eigentlich verboten waren.

Eine weitere Folge der Deregulierung war die rasante Zunahme von **Leerverkäufen** und **Derivaten.** Beim Leerverkauf spekuliert der Investor auf fallende Kurse: Er leiht sich z. B. ein Aktienpaket, verkauft es umgehend und kauft es später zu einem niedrigeren Preis wieder auf. Am Schluss gibt er dem Aktienbesitzer sein Paket zurück und behält den erzielten Gewinn ein – ein ganz legales Mittel, um aus den Kursverlusten eines Dritten Kapital zu schlagen. Volkswirtschaftlich sinnlos, dient der Leerverkauf einzig und allein der Bereicherung von Spekulanten.

Bei den Derivaten (latein. »derivare«: ableiten) handelt es sich um Finanzprodukte, die früher einmal zur Absicherung von Risiken in der Realwirtschaft dienten, die aber im Zuge der Deregulierung fast vollständig von ihr entkoppelt wurden. Zu ihnen zählen auch die Hebelprodukte, mit denen man mittels »Leveraging« (deutsch: Hebelung)[16] ein Vielfaches seines Eigenkapitals zur Spekulation einsetzen kann.

In ihrer heutigen Form sind Derivate nichts anderes als Wetten auf steigende oder fallende Preise, Kurse und Zinssätze. Sie schaffen keine Werte, sind volkswirtschaftlich ebenfalls sinnlos und dienen – wie Leerverkäufe – nur der Bereicherung von Spekulanten. Der Handel mit Derivaten ist allerdings seit den neunziger Jahren explodiert, macht gegenwärtig ein Vielfaches des globalen Bruttoinlandsproduktes (also der Summe aller weltweit produzierten Waren und erbrachten Dienstleistungen) aus und ist eine der Haupteinnahmequellen der internationalen Großbanken.

Mit Mitte fünfzig erlitt der Patient einen Zusammenbruch, den er nur aufgrund schnell eingeleiteter Notmaßnahmen überstand.

Es waren mehrere dieser Derivate, die den Hedgefonds ***Long Term Capital Management*** (LTCM) 1998 ins Taumeln brachten, insbesondere die **Kreditausfallversicherung** (englisch »credit default swap« = CDS). Hatte früher nur der Kreditgeber eine Versicherung auf seinen Kredit abschließen dürfen, um sich gegen den Zahlungsausfall des Kreditnehmers abzusichern, so durften auf Grund der Deregulierung auch solche Marktteilnehmer eine Ausfallversicherung auf einen Kredit abschließen, die an dessen Abschluss selbst nicht beteiligt waren – mit der Folge, dass Spekulanten nach unsicheren Krediten suchten, sie versicherten und auf einen Zahlungsausfall des Schuldners hofften – oder ihn sogar aktiv herbeizuführen versuchten. (Das Thema des sehr informativen, auf dem Buch von Michael Lewis basierenden Hollywood-Films »The Big Short«.)

LTCM war mit einem Eigenkapital von rund 4 Milliarden Dollar im Währungssektor Risiken von mehr als einer Billion Dollar eingegangen.[17] Als sich abzeichnete, dass sein Management sich verspekuliert haben könnte, stürzten sich Spekulanten geradezu auf Kreditausfallversicherungen. Durch den Zusammenbruch von LTCM wäre auf diese Weise eine Summe von über einer Billion US-Dollar fällig geworden. Sie hätte viele Großbanken mit in den Abgrund gerissen und das amerikanische und damit auch das weltweite Finanzsystem existenziell bedroht.

Aus diesem Grunde taten sich fast alle[18] gefährdeten Großbanken zusammen und retteten LTCM – aus reinem Selbstschutz, da der Kaufpreis von ca. 3,65 Milliarden Dollar[19] nur einen Bruchteil der Verluste ausmachte, die ihnen im Falle eines Bankrotts von LTCM gedroht hätten.

Zehn Jahre später erfolgte ein zweiter Zusammenbruch, der erheblich weitergehende Eingriffe notwendig machte.

Obwohl die LTCM-Pleite die Probleme und Risiken im Finanzsektor unübersehbar offengelegt hatte, unternahmen Politik und Wirtschaft nichts gegen deren Ursachen. Im Gegenteil: Es wurde noch stärker dereguliert und zwar weltweit.

So wurde 1999 in den USA unter Präsident Bill Clinton das **Trennbankengesetz** (der »Glas-Steagall-Act«) abgeschafft. Es war in den dreißiger Jahren eingeführt worden, weil zahllose Anleger beim Börsencrash von 1929 ihre kompletten Einlagen verloren hatten – ohne zu ahnen, dass das Management hinter ihrem Rücken ganz legal damit spekuliert hatte. Das Gesetz schützte die Einleger, indem es US-Banken ab 1933 dazu verpflichtete, sich zu entscheiden, entweder das klassische Einlagen- und Kreditgeschäft zu betreiben oder sich als Investmentbank im riskanten Wertpapiergeschäft zu engagieren.

Eine weitere Folge der ungezügelten Deregulierung war eine Explosion der Kreditvergabe und damit ein ungehemmtes Wachstum der Schulden. So wurden in den USA nach der Jahrtausendwende immer mehr Immobilien-Kredite an Menschen vergeben, von denen man wusste, dass sie sie niemals würden zurückzahlen können. Das ging so lange gut wie die Häuserpreise stiegen, denn in dieser Zeit konnten die Häuser von Kreditnehmern, die in Schwierigkeiten gerieten, jederzeit zwangsenteignet und mit Gewinn weiterverkauft werden. Als die Nachfrage nach Häusern aber wegen des Anstiegs der Zinsen nachließ und die Preise ab 2006 zu fallen begannen, brach dieser Kreislauf in sich zusammen.

Das Problem zahlungsunfähiger Hausbesitzer verwandelte sich rasch in ein Problem der Banken. Im Rahmen der Deregulierung hatten diese die Schulden nämlich »gebündelt« (»verbrieft«) und, um sie loszuwerden, in Form von Derivaten »verpackt« an Banken in aller Welt weiterverkauft. Als klar wurde, dass diese Gelder wegen der Zahlungsunfähigkeit der meisten Schuldner verloren waren, mussten Geldinstitute in aller Welt zugeben, dass sie große Mengen an »toxischen« – zu deutsch: »giftigen«, tatsächlich aber wertlosen – Papieren in ihren Beständen hielten. Dies war einer der Gründe, weshalb einige von ihnen 2008 zusammenzubrechen und das globale Finanzsystem mit sich zu reißen drohten.

Im Unterschied zu 1998 waren die Summen, um die es diesmal ging, so hoch, dass eine Rettung durch eine Gruppe von Banken – wie im Fall LTCM – nicht möglich war. Deshalb sprangen die betroffenen Regierungen ein und retteten die bedrohten Finanzinstitute, indem sie deren Schulden übernahmen oder ihnen öffentliche Gelder in Milliardenhöhe zur Verfügung stellten. Das Ganze nannte man »**Bail-out**« (vom englischen »bail out« = jemanden durch eine Bürgschaft auslösen).

Die bei dieser Rettung eingesetzten Summen überstiegen jedoch die Finanzmittel der meisten Staaten, so dass sie seitdem auf hohen Schuldenbergen sitzen. Voraussetzung für deren Abbau wären ein kräftiges Wirtschaftswachstum und – daraus folgend – ein Anstieg der Steuereinnahmen. Dazu aber kommt es seit 2008 nicht mehr, weil die Regierungen in aller Welt die bankrotten Finanzinstitute in den Jahren 2007 und 2008 für »**too big to fail**« erklärt haben und Großinvestoren, die ihr Geld wegen der höheren Gewinnchancen viel lieber in den Finanzsektor als in die Realwirtschaft stecken, diese historisch einmalige Sonderstellung als Freibrief nutzen: In der Gewissheit, auch in Zukunft unter dem Vorwand der Stützung des gesamten Systems gerettet zu werden, spekulieren sie in größerem Umfang und gehen höhere Risiken ein als je zuvor – mit dem Ergebnis, dass die Realwirtschaft dahinsiecht, während der Grad der Verschuldung im Finanzsektor unaufhörlich zunimmt.

Wegen der Nebenwirkungen befindet sich der Patient seitdem im Koma und wird durch immer stärkere Infusionen künstlich am Leben erhalten.

Die Notmaßnahmen, mit denen 2008 der Zusammenbruch des globalen Finanzsystems verhindert wurde, haben also auf der einen Seite zu einer Rekordverschuldung der Staaten und auf der anderen Seite (wegen der Konzentration der Investoren auf den Finanzsektor und der daraus folgenden Unterversorgung der Realwirtschaft mit Kapital) zu einer Stagnation der Weltwirtschaft geführt. Das aber hat verheerende Folgen, denn das globale Wirtschafts- und Finanzsystem ist auf Krediten aufgebaut und wegen der ständig anfallenden Zinszahlungen auf ununterbrochenes Wachstum angewiesen.

Da die Realwirtschaft aus den genannten Gründen nicht mehr nennenswert wächst, müsste nun eigentlich die Finanzwirtschaft einspringen und die Aufgabe des Geldbeschaffers übernehmen. Das aber hat einen simplen Haken: Der Finanzsektor schafft keine Werte. Während in der Realwirtschaft durch die Produktion von Waren eine ständige

Wertschöpfung erfolgt, gleicht die Finanzwirtschaft einem Casino, in dem das Geld sich nicht vermehrt, sondern nur immer wieder aufs Neue an die verschiedenen Spieler verteilt wird. Da die Finanzwirtschaft also nicht in der Lage ist, das Geld für die ständig steigenden Zinszahlungen auf die ununterbrochen wachsende Menge an Krediten aus sich selbst heraus zu erzeugen, springen die **Zentralbanken** ein, schöpfen es ohne realen Gegenwert aus dem Nichts und stellen es den Banken zur Verfügung.

Diese Erhöhung der Geldmenge, seit der Krise von 2008 auch – beschönigend und irreführend – »**Quantitative Easing**« (deutsch: mengenmäßige Erleichterung) genannt, führt zur Geldentwertung (**Inflation,** von lateinisch »inflare«: aufblasen). Wegen der lahmenden Realwirtschaft und der weltweit schwachen Nachfrage ist sie im Alltagsleben bisher nur mäßig zu spüren. Umso deutlicher ist sie dort zu erkennen, wo der überwiegende Teil des künstlich geschaffenen Geldes hingeflossen ist: an den Anleihen-, Aktien- und Immobilienmärkten. Dort haben sich riesige Blasen gebildet, die alle – das ist absolut unvermeidlich – irgendwann platzen werden.[20]

Da das System nach jeder Runde des Gelddruckens erneut lahmt (weil die Realwirtschaft ja trotz aller anderslautenden Beteuerungen nicht mehr anspringt), setzen die Zentralbanken den Zinssatz, zu dem sie das Geld vergeben (den **Leitzins**), immer weiter herab. Weltweit ist das zwischen 2007 und 2016 insgesamt mehr als 660 Mal geschehen.[21]

Auf diese Weise stellen die Zentralbanken den Geschäftsbanken nicht nur immer mehr, sondern auch immer »billigeres« Geld zur Verfügung. Da dieses Geld großenteils auf direktem Weg in die Finanzspekulation fließt, bewirkt die Herabsetzung der Zinsen vor allem ein weiteres Aufblähen der Spekulationsblasen ohne die Schaffung eines realen Gegenwertes.

Zudem zerstören die Niedrigzinsen das klassische Bankgeschäft – die Vergabe von Krediten zum Zweck der Einnahme von Zinsen. Darunter leiden vor allem kleinere regionale Banken und Sparkassen, was den

Konzentrationsprozess zugunsten der Großbanken weiter vorantreibt. Außerdem werden bislang auf Sicherheit bedachte institutionelle Anleger wie z. B. Pensionsfonds, Versicherungen und Bausparkassen dazu getrieben, auf riskantere Anlageformen auszuweichen. Darüber hinaus wird den Menschen, die ihren Lebensunterhalt durch Arbeit bestreiten müssen, die Möglichkeit genommen, durch Sparen fürs Alter vorzusorgen. Eine besonders schwerwiegende Folge der Niedrigzinspolitik ist somit eine auf die Menschheit zurollende Lawine der Altersarmut.

Eine Umkehr dieser seit 2008 betriebenen Finanzpolitik, also eine Verminderung der Geldmenge oder eine nennenswerte Heraufsetzung der Zinsen, würde Großinvestoren, vor allem Hedgefonds, dazu veranlassen, ihre Gelder umgehend umzuschichten und wegen der Höhe der gehandelten Summen sehr schnell zu panikartigen Reaktionen an den Märkten führen. Ein Stillstand, also ein Einfrieren der Geldmenge und der aktuellen Zinssätze ist ebenfalls keine Lösung, da das System ja wegen der zunehmenden Schuldenberge und der anfallenden Zinszahlungen ständig wachsen muss.

Aus diesem Grund gibt es, solange das Finanzsystem in seiner gegenwärtigen Form bestehen bleibt, keine Alternative: Die derzeit betriebene zerstörerische Finanzpolitik – also Geldschöpfung aus dem Nichts, gepaart mit Zinssenkungen – muss zwingend fortgeführt werden, auch wenn man heute schon voraussehen kann, dass sie mit unerbittlicher Konsequenz zum Platzen riesiger Blasen an den Märkten, zum Untergang zinsabhängiger Einrichtungen wie Renten- und Pensionskassen und zur Zerstörung vorsorglicher Altersabsicherung führt.

3. DER URSPRUNG DES SYSTEMS: BRETTON WOODS

Im Grunde gleicht das Finanzsystem unserer Tage einem Auto mit überhitztem Motor: Sein Fahrer darf weder stehenbleiben, noch den Rückwärtsgang einlegen, sondern muss zur Kühlung der Maschine immer schneller fahren – mit dem vorhersehbaren Ergebnis, dass der Motor irgendwann platzen wird.

Allerdings besteht zwischen dem Finanzsystem und dem beschriebenen Auto ein wichtiger Unterschied. Während man die Ingenieure des Autos für die Folgen ihrer Fehlkonstruktion zur Rechenschaft ziehen kann, ist das im Fall des Finanzsystems nicht möglich. Nicht etwa, weil ihre Arbeit schon so lange zurückliegt und sie inzwischen verstorben sind, sondern aus einem ganz anderen Grund: Weil Fachleute bei der grundlegenden Konstruktion des Systems keine Rolle gespielt haben.

Wie ist das möglich? Die Grundlagen unseres Finanzsystems sind doch im Juli 1944 auf der **Konferenz von Bretton Woods** geschaffen worden, bei der die Vertreter von 44 Ländern zugegen waren. Sollten sie nicht die Konsequenzen aus den Fehlern ziehen, die zu zwei Weltkriegen geführt hatten und war es nicht ihre erklärte Aufgabe, das zu diesem Zeitpunkt bestmögliche globale Finanzsystem zu entwerfen?

Nein. Das System von Bretton Woods war weder das Ergebnis eines Denkprozesses, an dem die fähigsten Ökonomen der Welt beteiligt waren, noch ist es auf Grund eines von Fachleuten entwickelten Konzeptes entstanden, bei dem seine sozialen Auswirkungen bedacht und berücksichtigt worden wären. Noch weniger war es ein demokratisches Konstrukt, das durch eine Übereinkunft zwischen gleichberechtigten

Beteiligten ins Leben gerufen worden wäre. Es ist vielmehr das Ergebnis eines mehrere Jahre andauernden und mit aller Härte geführten Machtkampfes zwischen den Großmächten Großbritannien und USA.

Die übrigen 42 Nationen, die an der Konferenz teilgenommen haben, haben nur die Rolle von Statisten gespielt und auf ihr Ergebnis keinen Einfluss gehabt. Die wichtigsten Beschlüsse standen schon zu Beginn des Treffens in ihren Grundzügen fest, denn die USA und Großbritannien hatten zu diesem Zeitpunkt bereits jahrelange Geheimverhandlungen hinter sich.[22] Entscheidend für den Ausgang der Konferenz war einzig und allein das Kräfteverhältnis zwischen beiden Staaten, und das tendierte am Ende des Zweiten Weltkrieges eindeutig zugunsten der USA.

Wenige Jahrzehnte zuvor hatte es noch anders ausgesehen. Bis zum Ausbruch des Ersten Weltkrieges war Großbritannien der fast unumschränkte Herrscher der Welt gewesen. Das britische Pfund hatte sich auf Grund des Kolonialreiches der Briten (das britische »Empire«) in großen Teilen der Welt als wichtigste Währung etabliert. Doch bereits mit dem Ersten Weltkrieg begann Großbritanniens Abstieg. In den Jahren zwischen den Kriegen verlor es weiter an Macht, und am Ende des Zweiten Weltkrieges lag es, von seinen Kriegsschulden erdrückt, wirtschaftlich am Boden.

Ganz anders dagegen die USA, die eine atemberaubende Entwicklung hinter sich hatten: Ihre Wirtschaft lief 1944 auf Hochtouren, jede zweite Ware auf der Welt wurde zu diesem Zeitpunkt von der US-Industrie produziert. Konkurrenzlose Absatzmöglichkeiten auf dem größten Binnenmarkt der Erde hatten bereits um die Jahrhundertwende dazu geführt, dass die Fließbandproduktion eingeführt und in den folgenden Jahrzehnten wissenschaftlich durchrationalisiert worden war.

Darüber hinaus hatten die USA beide Weltkriege zu ihrem Vorteil genutzt: Durch die Vergabe von Kriegskrediten waren sie zur größten Gläubigernation[23] der Erde aufgestiegen. Zudem besaßen sie am Ende des Zweiten Weltkrieges zwei Drittel der weltweiten Goldvorräte, unterhielten das stärkste Militär der Erde und standen kurz davor, als einzige Nation über die Atombombe zu verfügen. Die USA waren also innerhalb von drei Jahrzehnten wirtschaftlich, finanziell und militärisch zur ersten globalen Supermacht aufgestiegen. Sie hatten nur ein großes Problem: Ihre Überproduktion. Die US-Industrie produzierte mehr Waren als der heimische Markt aufnehmen konnte, das Land brauchte also Märkte.

Um ihm diese Märkte zu verschaffen, berief die US-Regierung die Konferenz von Bretton Woods ein. Sie dauerte vor allem deshalb fast drei Wochen lang, weil Großbritannien einen letzten Versuch unternahm, an der immer stärker schwindenden eigenen Macht festzuhalten. Der britische Delegationsleiter John Maynard Keynes, zeitweilig Finanzminister seines Landes und zum Zeitpunkt der Konferenz der bekannteste Ökonom der Welt, setzte den amerikanischen Vorstellungen zu diesem Zweck noch einen eigenen Vorschlag entgegen. Keynes' Plan sah vor, eine Buchwährung mit dem Namen »**Bancor**« als internationale Leitwährung zu schaffen, die von einer globalen Zentralbank, der »*Clearing Union*«, ausgegeben werden sollte. Feste Wechselkurse waren nicht vorgesehen, sie sollten vielmehr international in Bancor ausgehandelt werden. Auf eine Koppelung des Bancor an das Gold wollte Keynes ebenfalls verzichten.

Keynes' Absichten waren nicht schwer zu durchschauen: Er wusste genau, dass Großbritannien wegen seiner enormen Schulden und wegen des sich abzeichnenden Zerfalls des britischen Kolonialreiches keine Chance hatte, das britische Pfund zur weltweiten Leitwährung zu machen. Ihm war auch klar, dass Großbritanniens Goldreserven zu gering waren, als dass es mit einem Goldstandard gut hätte leben können. Keynes' Bancor-System war nicht, wie häufig behauptet, ein demokratischerer Vorschlag als der der USA, sondern der aussichtslose Versuch, den britischen Interessen wenigstens noch ein bisschen Gewicht zu verleihen.

Doch Keynes' Zeit war ebenso wie die seines Landes abgelaufen. Die USA wahrten zwar aus diplomatischen Gründen und wegen Keynes' weltweitem Ruf den Schein einer Verhandlungslösung, aber historische Dokumente der Konferenz belegen eindeutig, dass die US-Delegation unter Einsatz aller Mittel dafür sorgte, dass ihr Vorschlag schlussendlich gegen den Widerstand Großbritanniens angenommen wurde.

Auch das Nachspiel der Konferenz zeigt, dass die USA zu keinem Kompromiss bereit waren: Als das britische Parlament wenige Wochen nach der Konferenz von Bretton Woods grundlegende Änderungen am Verhandlungsergebnis verlangte, reagierte der amerikanische Kongress[24], indem er die Zustimmung zur Auszahlung eines Kredites, den Großbritannien zur Rückzahlung seiner Kriegsschulden dringend von den USA benötigte, an Londons bedingungslose Zustimmung zu den Protokollen von Bretton Woods band. Es dauerte keine zwei Wochen, bis das britische Parlament sich den Washingtoner Forderungen fügte.

Dabei war von Anfang an klar, dass das Bretton-Woods-System den Keim zu seinem Untergang bereits in sich trug. Angesichts der zu erwartenden Flut amerikanischer Waren war der Welthandel nämlich auf eine mit ihm wachsende Menge an Dollars angewiesen. Da der Dollar aber an Gold gebunden war und die USA seine Umtauschbarkeit garantierten, hätte die Goldmenge in den Tresoren der USA im selben Tempo zunehmen müssen. Das aber war wegen der begrenzten Verfügbarkeit von Gold und der im Verhältnis zum existierenden Gold geringen Menge, die jedes Jahr neu geschürft wurde, ausgeschlossen.

Es war also bereits damals vorauszusehen, dass der Dollar in absehbarer Zeit nicht mehr zum Preis von 35 Dollar pro Feinunze gegen Gold umtauschbar sein würde. Diese Tatsache allein zeigt, dass in Bretton Woods gar nicht versucht wurde, ein solides und auf Dauer funktionierendes System ins Leben zu rufen. Ziel der Konferenz war es, neben der politischen, militärischen und wirtschaftlichen Dominanz der USA auch deren finanzielle Dominanz sicherzustellen.

Das Ergebnis war ein auf den US-Dollar zugeschnittenes, ihn begünstigendes und alle anderen Währungen der Welt benachteiligendes System. Wie undemokratisch und ungerecht es war, kann man allerdings erst dann ermessen, wenn man sich vergegenwärtigt, dass es auch nach seiner Einführung nur eine einzige Organisation auf der Welt geben sollte, die den US-Dollar schaffen durfte: die US-Zentralbank ***Federal Reserve*** (FED, in wörtlicher Übersetzung: Bundesreserve). Hatte sich die FED seit ihrer Gründung im Jahr 1913 durch ihr Geldschöpfungs-Monopol bereits den amerikanischen Markt unterworfen, so dehnte sie ihren Einflussbereich nun auf den gesamten Globus aus und erlangte damit den Status der mächtigsten Finanzorganisation, die es in der Geschichte der Menschheit bis dahin gegeben hatte.

4. DIE MACHT HINTER DEM SYSTEM: DIE FEDERAL RESERVE

Es handelt sich bei der FED nicht nur um die seit über einhundert Jahren bedeutendste nationale Finanzinstitution der Welt, sondern auch um eine der undurchsichtigsten. Ihre Besitzverhältnisse werden wie ein Staatsgeheimnis gehütet, kein Außenstehender darf ihre Bücher einsehen. Zudem widersprechen die Rechte, die ihr von ihren Gründern zugesprochen wurden, den Grundsätzen der amerikanischen Verfassung.

Es lohnt sich daher, die Entstehungsgeschichte der FED näher zu beleuchten. Um deren Umstände zu verstehen, muss man allerdings zunächst einen kurzen Blick auf die Geschichte der USA werfen, denn der Ursprung der FED wurzelt in den Umständen der Eroberung des amerikanischen Westens im 19. Jahrhundert.

Die Besiedlung des amerikanischen Kontinents durch europäische Auswanderer führte nicht nur zur Ausrottung von achthundert einheimischen Indianerstämmen und der Versklavung von Millionen ins Land geholten Afrikanern, sondern auch zur Entstehung riesiger Konzerne im Bereich der Eisenbahnen, der Stahlindustrie, des Bauwesens, der Elektrizitäts- und der Ölindustrie. Auch der Wettkampf, den sich die Konzerne untereinander lieferten, war von kaum zu überbietender Härte.

Waren es in der Anfangszeit hauptsächlich Sabotageakte oder die nackte Anwendung von Gewalt, mit der das Recht des Stärkeren durchgesetzt wurde, so begann in der ersten Hälfte des 19. Jahrhunderts das Zeitalter der als »Tycoons«[25] bezeichneten Großunternehmer. Durch Fusionen und Übernahmen sicherten sie sich immer größere Marktanteile und häuften nach europäischen Maßstäben kaum vorstellbare Reichtümer an.

Verschärft wurde der Wettbewerb in der zweiten Hälfte des 19. Jahrhunderts durch den amerikanischen Bürgerkrieg (1861 bis 1865)[26]. Die größten Materialschlachten, die die Erde bis dahin gesehen hatte, verschlangen riesige Mengen an Kriegsgerät, richteten gewaltige Schäden an – und begünstigten dadurch die wirtschaftliche Entwicklung des Landes. Die Lieferung von Waffen und Rüstungsmaterial während des Krieges und der Wiederaufbau danach trugen entscheidend dazu bei, dass sich die Warenproduktion und das Nationalvermögen der USA von 1860 bis 1900 mehr als verfünffachten.

Um ihre Konkurrenten aus dem Weg zu räumen und sich am Markt zu behaupten, waren auch die reichsten Tycoons gezwungen, sich immer wieder aufs Neue mit frischem Geld zu versorgen. Nutznießer dieses Wettkampfes waren die Banken, die nicht nur die notwendigen Kredite bereitstellten, sondern auf Grund ihrer wachsenden Macht auch immer mehr Einfluss auf unternehmerische Entscheidungen nahmen und sich so nach und nach zu einer über der Wirtschaft stehenden und sie weitgehend beherrschenden Kraft entwickelten.

Zu Beginn des 20. Jahrhunderts übertrafen die mittlerweile an der New Yorker Wall Street angesiedelten größten Banken der USA an Finanzkraft und wirtschaftlichem Einfluss alles, was die Welt bis dahin gesehen hatte. So schaffte es die Bank des legendären J. P. Morgan, kurz nach der Jahrhundertwende durch 341 mit ihren Mittelsmännern besetzte Direktorenposten in 112 Konzernen ein Kapital von 22 Milliarden Dollar zu kontrollieren (ein Betrag, der heute im Billionenbereich rangieren würde).

Begleitet wurde die Entstehung dieser bis dahin einzigartigen finanziellen Machtkonzentration durch einen gegenteiligen Prozess am unteren Ende der amerikanischen Gesellschaft: Der riesige Zustrom von Einwanderern aus Europa erreichte im ersten Jahrzehnt des 20. Jahrhunderts seinen Höhepunkt und ließ unter ungelernten Arbeitern einen ähnlich harten Konkurrenzkampf wie an der Spitze der Banken entstehen, nur dass es dabei um Arbeitsplätze und ums nackte Überleben ging.

Da den Fabrikbetreibern das Überangebot an Arbeitskräften nicht entging, nutzten sie die Situation zu ihren Gunsten aus und zahlten immer geringere Löhne. Das Ergebnis war eine um sich greifende soziale Verelendung, die nicht ohne Folgen blieb: Innerhalb der arbeitenden Bevölkerung machte sich eine zunehmende Wut auf den vor aller Augen im Luxus schwelgenden »**Money Trust**« (deutsch: »Geld-Kartell«) breit. Da sich in den vorangegangenen Jahrzehnten bereits aus Europa kommende sozialistische und kommunistische Ideen verbreitet hatten und sich immer mehr Arbeiter den Gewerkschaften anschlossen, wuchsen die Spannungen innerhalb der Gesellschaft.

Vor allem die Banker gerieten zunehmend ins Fadenkreuz der Kritik. Doch statt den Protesten der Bevölkerung nachzugeben und sich in Bescheidenheit zu üben, taten die mächtigsten unter ihnen genau das Gegenteil: Sie nutzten jede Gelegenheit, um ihren Reichtum und ihre Macht noch hemmungsloser zur Schau zu stellen und sich noch schamloser zu bereichern.

Als es 1907 zu einer Panik an der New Yorker Börse kam, bei der die Kurse um fünfzig Prozent einstürzten, gerieten zahlreiche kleine und mittlere Unternehmen und Banken in Zahlungsschwierigkeiten. Vor allem die Familien Morgan und Rockefeller, die auf Grund ihrer riesigen Reserven einen längeren Atem als die Konkurrenz hatten, nutzten die Gunst der Stunde. Sie warteten kühl kalkulierend ab, bis die Kurse Tiefststände erreichten und die meisten kleineren Konkurrenten wegen der erlittenen Verluste existenziell bedroht waren. Dann deckten sie sich mit riesigen Aktienpaketen ein und kauften zahlreiche der ums Überleben kämpfenden kleinen Banken und Betriebe zu Dumpingpreisen auf.

Bis heute ist nicht geklärt, ob Morgan und Rockefeller die Panik durch das gezielte Streuen von Gerüchten absichtlich herbeigeführt haben. Unbestritten aber ist, dass sie ihre finanzielle Macht erheblich ausbauten und dass dieser Prozess den Unmut der amerikanischen Bevölkerung weiter anfachte. Die Stimmen, die eine Zügelung der Banken und eine Reform des Finanzsystems verlangten, wurden lauter und wütender.

Alles schien auf einen offenen Konflikt hinauszulaufen. Um ihm zu entgehen, taten sich die einflussreichsten Wall-Street-Banker und einige wenige Spitzenpolitiker hinter den Kulissen zusammen und entwarfen gemeinsam einen Plan, der als Lehrstück für eine besonders gelungene Täuschung der Öffentlichkeit gelten muss. Er gipfelte in der Gründung einer Zentralbank, die die Macht der Großbanken und der Politik über die Bevölkerung um ein Vielfaches erhöhte, dem amerikanischen Volk aber erfolgreich als das genaue Gegenteil präsentiert wurde – nämlich als die Schaffung einer staatlichen Kontrollinstanz, mit der das ganz große Geld in seine Schranken gewiesen werden sollte.

Die Grundlage für diese gemeinsame Aktion von Finanzwirtschaft und Politik war in der Panik von 1907 gelegt worden. In ihrem Verlauf hatten die Großbanken über weite Strecken in Abstimmung mit der in Finanzangelegenheiten hilflos wirkenden Regierung in Washington zusammengearbeitet. Wichtigster Mittelsmann war dabei der republikanische Senator **Nelson Aldrich** gewesen, auf dessen Betreiben 1908 ein Gesetz erlassen wurde (der »Aldrich-Vreeland Act«), das den Banken erlaubte, sich zu Währungsvereinigungen zusammenzuschließen, um in Krisensituationen wie 1907 Notgeld herauszugeben. Außerdem wurde im Laufe der Krise die National Monetary Commission (nationale Geldkommission) ins Leben gerufen, die das US-Bankensystem reformieren sollte und deren Vorsitz ebenfalls Nelson Aldrich übernahm.

Zwar wurden die Bestimmungen des Aldrich-Vreeland Acts nie angewandt, aber er setzte unter den Beteiligten ganz offensichtlich einige Denkprozesse in Gang, die 1910 in einem Geheimtreffen mündeten, das den Lauf der Geschichte nicht nur der USA, sondern der gesamten Welt nachhaltig beeinflussen sollte.

Ort des Treffens war die Privatinsel Jekyll Island vor der Küste Georgias, Sommersitz vieler reicher Bankiersfamilien aus New York. In einem exklusiven Club im Herzen der Insel trafen sich im November 1910 sechs Männer[27] aus Politik und Bankgewerbe unter falschen Namen und unter dem Vorwand, auf Entenjagd gehen zu wollen. Bei ihnen handelte es sich auf Seiten der Politiker um **Nelson Aldrich** – Fraktionsführer der Republikaner im Kongress, Anteilseigner an der *J. P. Morgan Bank* und dazu Schwiegervater von John D. Rockefeller jr. und Großvater des späteren US-Vizepräsidenten Nelson Rockefeller –, **Arthur Shelton**, Aldrichs Sekretär und Chef der National Monetary Commission, und **Abraham Piatt Andrew**, den stellvertretenden US-Finanzminister der USA.

Auf Seiten der Banker waren es **Frank A. Vanderlip**, Präsident der *National City Bank of New York*, **Henry Davison**, Hauptteilhaber der *J. P. Morgan Company*, und **Paul Moritz Warburg**, Direktor der Investmentbank *M. M. Warburg & Co.* bei *Kuhn, Loeb & Co.* Interessanter als die Namen der Männer war die Tatsache, dass sie zu jener Zeit in etwa ein Fünftel des weltweiten Reichtums verkörperten.

Wichtigstes Ziel der Banker war es nicht nur, die eigene Macht trotz aller öffentlichen Kritik auch weiterhin in ihren Händen zu halten. Vor allem wollten sie ihre Position gegenüber kleineren Konkurrenten stärken, die ihnen in den Jahren zuvor vor allem im Westen des Landes zahlreiche Kunden durch günstigere Zinsen und eine Politik der Nicht-Einmischung in Konzernangelegenheiten abspenstig gemacht hatten. Dieser Entwicklung sollte ein für allemal ein Ende bereitet werden. Ziel der Politiker war es ebenfalls, ihre Machtposition zu stärken und weiter an Einfluss zu gewinnen. Vor allem aber wollten sie eines ihrer größten Probleme lösen: den chronischen Geldmangel der Politik.

Die Lösung für die Probleme beider Seiten hieß: die Gründung einer Zentralbank nach dem Muster der ***Bank of England***[28]. Sie würde das bis dahin beim amerikanischen Staat liegende Monopol der Geldschöpfung auf eine zentrale private Instanz übertragen und den größten Banken des Landes durch das **Mindestreserve-Prinzip** zu fast grenzenloser Selbstbereicherung verhelfen. (Nach dem Mindestreserve-Prinzip braucht eine Bank nur einen Teil der bei ihr angelegten Gelder – jahrzehntelang in etwa zehn Prozent, heute oft weniger – vorzuhalten und darf den Rest des Geldes in Form von Krediten wieder ausleihen. Da diese Kredite nicht nur Zinsen einbringen, sondern ebenfalls als Einlagen wieder in das Bankensystem fließen, handelt es sich beim Mindestreserve-Prinzip um eine schier unerschöpfliche Geldquelle für die Finanzindustrie.)

Im Gegenzug würde die Zentralbank dem amerikanischen Staat und damit der Politik die Möglichkeit geben, direkt und fast unbegrenzt an neues Geld heranzukommen. Die Regierung brauchte zu diesem Zweck nur **Staatsanleihen** (also einfach nur bedrucktes Papier) herauszugeben, die ihr die Zentralbank dann mit frisch geschöpftem Geld abkaufen würde – ein Freibrief zum Schuldenmachen durch Politik und Staat.

Es war ein für beide Seiten überaus vorteilhaftes Arrangement, das nur einen Nachteil hatte: Die amerikanische Bevölkerung würde es in der beschlossenen Form auf keinen Fall akzeptieren. Da auch die sechs Männer sich darüber keine Illusionen machten, entwarfen sie während ihres Aufenthalts auf Jekyll Island folgenden Plan: Sie würden die Bank nicht Zentralbank, sondern »Federal Reserve System« (»Bundesstaatliches Reservesystem«) nennen und sie dem amerikanischen Volk als einen Regulierungsmechanismus zur Kontrolle der Banken verkaufen.

Durch das Wort »federal« (bundesstaatlich) sollte der private Charakter der Bank verschleiert werden, das Wort »reserve« sollte den Eindruck vermitteln, dass im Notfall Rücklagen vorhanden waren, und das Wort »system« sollte angesichts der immer lauter werden Kritik an der Konzentration finanzieller Macht in immer weniger Händen den Anschein erwecken, dass es sich bei der FED um eine Vielzahl gleichberechtigter Banken handelte, die Macht also über mehrere Bundesstaaten verteilt sein würde. Wie bei den ersten beiden Punkten, so handelte es sich auch beim letzten um eine bewusste Irreführung der Öffentlichkeit, denn die FED sollte zwar aus zwölf regionalen Banken bestehen, aber zentralistisch organisiert sein und ihr Machtzentrum von Anbeginn an in New York haben.

Zufrieden und in dem Gefühl, einen ausgereiften Plan auf den Weg gebracht zu haben, fuhren die Männer wieder nach Hause. Doch ihr Vorhaben scheiterte schon kurze Zeit später, und zwar an Nelson Aldrichs Eitelkeit. In der Absicht, der Nachwelt als Gründer der FED erhalten zu bleiben, brachte der Senator den Vorschlag nämlich als »Aldrich Bill« (»Aldrich-Gesetz«) in den US-Kongress ein – und erlebte wegen seiner allseits bekannten Nähe zu den Banken einen Reinfall.

Die Top-Banker aber ließen sich durch den Rückschlag nicht entmutigen, sondern änderten ganz einfach ihre Strategie. Sie warteten eine Zeitlang ab, ließen den Text der Gesetzesvorlage umschreiben und einige Stellen durch sehr vage Formulierungen ersetzen. Auf diese Weise schufen sie Raum für spätere »Ergänzungen« und »Präzisierungen«. Außerdem strichen sie Aldrichs Namen aus allen Unterlagen und beauftragten mehrere ihnen ergebene Akademiker, dem Vorhaben einen wissenschaftlichen Anstrich zu verleihen. Dann suchten sie sich anstelle des Republikaners Aldrich zwei Demokraten (Carter Glass und Robert L. Owen) und beauftragten sie damit, die Gesetzesvorlage als »Glass-Owen-Bill« erneut auf den Weg zu bringen. (Wie auch Jahrzehnte später galten die Demokraten damals in den Augen weiter Teile der amerikanischen Bevölkerung als Vertreter des kleinen Mannes.)

Anschließend wandten sich die Banker noch einmal an den ihnen nach wie vor ergebenen Nelson Aldrich und überredeten ihn zu einem überaus raffinierten Betrugsmanöver. Sie forderten ihn nämlich auf, den neuen Gesetzesentwurf zusammen mit einigen Bankern öffentlich zu verdammen und ihn wegen seiner angeblichen Einschränkung der Rechte des Finanzsektors als eine Zumutung für das Bankgewerbe anzugreifen.[29] Außerdem mobilisierten sie die (überwiegend vom Geld der Großbanken abhängige) Presse, die daraufhin mit in den Chor einstimmte und einen wahren Feldzug gegen den neuen Entwurf begann.

Der Plan ging auf. Die Stimmung innerhalb der Öffentlichkeit drehte sich nach und nach, weil die Menschen tatsächlich glaubten, dass mit der FED gegen den Willen der Banken ein Kontrollinstrument zur

Einschränkung ihrer Macht geschaffen werden sollte. Trotz dieses Rückenwindes wollten die demokratischen Abgeordneten aber ganz sicher gehen, dass ihr Gesetzesentwurf auch vom Kongress angenommen würde. Also brachten sie ihn erst kurz vor der Weihnachtspause ins Parlament ein.

Die entscheidende Abstimmung erfolgte am späten Abend des 22. Dezember 1913, als die meisten Abgeordneten bereits in Urlaubsstimmung oder auf dem Weg zu ihren Familien waren. Am 23. Dezember unterzeichnete US-Präsident Woodrow Wilson das Gesetz mit der »executive order« (dem obersten Befehl) Nr. 10289 und schuf damit die rechtlichen Grundlagen für eine Einrichtung, die das Gesicht der Welt im 20. Jahrhundert auf eine für die gesamte Menschheit fatale Art und Weise verändern sollte.

5. ZIEMLICH BESTE FREUNDE: US-FINANZWIRTSCHAFT UND US-POLITIK

Angeblich soll Präsident Wilson wenige Jahre nach der Unterzeichnung des »Federal-Reserve Acts« gesagt haben: »Ich bin ein höchst unglücklicher Mann. Ich habe unbeabsichtigter Weise mein Land ruiniert. Eine große Industrienation wird nun von ihrem Kreditsystem beherrscht. Unsere Regierung [...] ist jetzt [...] dem Zwang einer kleinen Gruppe marktbeherrschender Männer unterworfen.«

Die Echtheit des Zitats ist nicht belegt[30], aber Wilson wäre nicht der erste Präsident, der sich kritisch über die Macht der Banken geäußert hat. Bereits einhundert Jahre zuvor hatte Thomas Jefferson, der dritte Präsident der USA und einer der Verfasser der Unabhängigkeitserklärung, geschrieben: »Ich denke, dass Bankinstitute gefährlicher sind als stehende Armeen.«

Mit der Gründung der FED war Jeffersons Alptraumvision Wirklichkeit geworden. Ein privates Bankenkartell hatte die Kontrolle über die Währung der stärksten Volkswirtschaft der Erde übernommen. Die Rolle des Geburtshelfers hatte das amerikanische Parlament übernommen, das durch die Annahme des Gesetzes die eigene Verfassung gebrochen hatte: In deren Artikeln 8 und 10 heißt es nämlich ausdrücklich, dass nur der Kongress die Macht besitzt, Geld zu prägen, es auszugeben oder etwas anderes als Gold- und Silbermünzen zu Zahlungsmitteln zu erklären.

Um den Anschein, die FED sei eine staatliche Einrichtung, in den Augen der Öffentlichkeit zu festigen, wurde in ihrem Gründungsmanifest festgelegt, dass kein Banker, sondern der Finanzminister der USA ihren Vorsitz übernehmen sollte.[31] Erster Chef der FED wurde so William G. McAdoo, ein Jurist, der als Präsident und Direktor der Eisenbahngesellschaft *Hudson & Manhattan Railroad* selbst jahrelang zu den Führungskräften des verhassten Money Trusts gehört hatte. Neben der FED in New York wurden regionale FEDs in Atlanta, Boston, Chicago, Cleveland, Dallas, Kansas City, Minneapolis, Philadelphia, Richmond, San Francisco und St. Louis eingerichtet. Wichtigstes Gremium wurde das siebenköpfige Federal Reserve Board, dessen höchster Vertreter der Präsident der New York FED wurde.

Die wohl am häufigsten gestellte Frage in Bezug auf die FED ist die nach ihren Besitzern. Sie ist nie zufriedenstellend beantwortet worden, da die Eigentumsverhältnisse seit ihrer Gründung wie ein Staatsgeheimnis gehütet werden. Man kann aber davon ausgehen, dass die Familien der Gründerbanken, also die Morgans, Rockefellers, Warburgs und einige andere nach wie vor dazugehören (welchen Grund sollten sie haben, eine nie versiegende Geldquelle aus der Hand zu geben?) und dass sie im Verlaufe der über einhundertjährigen Geschichte der Bank nicht nur riesige Vermögen angehäuft, sondern mit Hilfe ihrer Anwälte auch alles getan haben, um ihren Reichtum vor der Öffentlichkeit zu verschleiern und zu verstecken.[32]

Das Entscheidende an der Gründung der FED aber sind nicht in erster Linie die beteiligten Personen und auch nicht ihre Nachfahren und Erben, auch wenn sie mit Sicherheit zu den im heutigen Banken-Jargon »Ultra High Networth Individuals« genannten »Personen mit außergewöhnlich hohem Reinvermögen« gehören. Viel wichtiger ist die Abhängigkeit, in die das Finanzkapital die Politik von sich gebracht hat und wie es beide durch ihre Arbeitsteilung geschafft haben, sich gemeinsam über den Rest der Bevölkerung zu erheben. Das Prinzip ist dabei gar nicht so kompliziert: Die Politik lässt die Großbanken die Strategie der FED im Hintergrund festlegen und darüber entscheiden, wie viel Geld gedruckt und zu welchem Zinssatz es vergeben wird. Die FED kauft der

Regierung dafür Staatsanleihen (also nichts als bedrucktes Papier) ab, mit denen diese sich und den Staatsapparat finanziert.

Wer von beiden Parteien das letzte Wort hat, zeigte sich bereits kurz nach der Gründung der FED: Obwohl die Politik den beteiligten Banken mit der Einrichtung der FED ein wahrhaft historisches Geschenk gemacht hatte, waren deren Besitzer nicht einmal bereit, die laufenden Kosten zu tragen, und zwar mit der Begründung, es handle sich ja schließlich um eine staatliche Einrichtung. Selbst die Lizenz zum Gelddrucken reichte den Banken nicht, sie forderten für jeden Dollar, den die FED schaffen würde, vom amerikanischen Staat auch noch eine Steuer.[33]

Die Antwort der Politik war eindeutig: Sie führte eine bis dahin nicht erhobene **Einkommenssteuer** ein und ermöglichte dem wohlhabenden Teil der Bevölkerung, sich dieser Steuer durch das gleichzeitig eingeführte **Stiftungsrecht** weitgehend zu entziehen. Als Lohn für ihre Willfährigkeit durfte sich die Politik fortan fast uneingeschränkt verschulden – einer der Gründe, warum sich in Washington ein riesiger Wasserkopf an staatlich finanzierten Organisationen wie Think Tanks, Stiftungen, Beratungs- und Auslandsgesellschaften u. ä. bildete, aus deren Budgets sich führende Politiker und ihre Günstlinge reichhaltig bedienen konnten (und können).

Kein Wunder also, dass sich die Politik in der Folgezeit alle Mühe gab, den wahren Charakter der FED als einer privaten, am Gewinn ihrer Besitzer orientierten Bank zu verschleiern und sie der Öffentlichkeit ein ums andere Mal als eine dem Staat unterstellte Einrichtung zur Zähmung des Finanzkapitals zu präsentieren. So wurde die Öffentlichkeit immer wieder darauf hingewiesen, dass die Führungsmitglieder der FED ja vom US-Präsidenten zu ernennen waren. Unterschlagen wurde dabei, dass dem Präsidenten zuvor eine von der FED-Führung erstellte Liste mit Kandidaten gegeben wurde, an die er in seiner Entscheidung gebunden war. Auch die ständig zur Verteidigung der FED angeführte Regelung, sie müsse ja einen großen Teil ihres Gewinns an den Staat abführen, war wenig aussagekräftig, da keinem Außenstehenden erlaubt wurde, die Bücher der FED einzusehen.

Da niemals offiziell bekannt gegeben wurde, wem die FED gehört und da sämtliche Anfragen in diese Richtung von den Verantwortlichen konsequent überhört wurden, kamen im Laufe der Jahre unzählige Verschwörungstheorien auf, von denen einige eine beträchtliche Zahl von Anhängern gefunden haben. Mal stehen einzelne Familien wie die der Rothschilds im Fokus, mal liegt das Schwergewicht auf Geheimbünden, Logen wie den Freimaurern oder Kabalen (Intrigen), an denen mehrere mächtige und im Hintergrund wirkende Organisationen oder Personen beteiligt sein sollen, deren vermeintliches Ziel es ist, die Weltherrschaft an sich zu reißen.

Im Grunde haben all diese Spekulationen eines gemeinsam: Dadurch, dass sie die Aufmerksamkeit auf einen Teilaspekt der Wirklichkeit (die Besitzverhältnisse) richten, helfen sie mit, von ihrem wahren Kern, nämlich den Machtverhältnissen und deren Folgen abzulenken: Dass nämlich die größten Finanzinstitutionen der Wall Street und das politische Establishment in Washington durch die Gründung der FED eine Partnerschaft eingegangen sind, die dazu geführt hat, dass die Rollen auf der wirtschaftlichen, finanziellen und politischen Bühne fürs 20. Jahrhundert folgendermaßen aufgeteilt wurden:

Den Großbanken der Wall Street wurde durch das Geldschöpfungsmonopol ein Freibrief für die fast uneingeschränkte Bereicherung seiner Besitzer und Anteilseigner erteilt und damit die Rolle des mächtigsten Players im Finanzsektor (dem seit Anbruch des 20. Jahrhunderts mit Abstand wichtigsten Wirtschaftssektor) auf diesem Globus zugewiesen. Das politische Establishment in Washington hat seit der Gründung der FED das Recht, sich über einen Teil des von ihr gedruckten Geldes zu finanzieren, kann sich daher fast unbegrenzt verschulden und sich zudem von der Öffentlichkeit weitgehend unbemerkt in die eigenen Taschen wirtschaften.

Als Gegenleistung für die Vergünstigungen verrichtet die Politik für die Finanzindustrie diverse überaus wichtige Aufgaben: Sie erlässt Gesetze, die dem Finanzsektor nützen, und hilft ihm, sich im Krisenfall (wie 2008 mit der Begründung »too big to fail«) über geltendes Recht hinwegzusetzen. Wenn nötig, werden zum Schutz der Interessen des großen Geldes auch Polizei und Militär eingesetzt. Die bei weitem wichtigste Aufgabe der Politik aber besteht darin, die Menschen von den wahren Machtverhältnissen abzulenken, ihnen im Zusammenspiel mit den Medien die Interessen der Finanzelite als ihre eigenen zu verkaufen und sie in dem Glauben zu wiegen, dass sie über die Wahl des Parlamentes und der Regierung ein Mitspracherecht an der Gestaltung ihres Schicksals hätten.

Dritter Beteiligter an dieser ungleichen Abmachung und ihr eindeutiger Verlierer ist die von ihrer Arbeit lebende Mehrheit der US-Bevölkerung: Sie wird nicht nur permanent über die tatsächlichen Machtverhältnisse in ihrem Land hinweggetäuscht, sondern muss durch das Erwirtschaften der Steuern auch noch für das eigens zu ihrer Unterdrückung und Entmündigung eingerichtete System bezahlen.

Wie reibungslos diese Arbeitsteilung zwischen Politik und Finanzwirtschaft fortan funktionierte, sollte sich schon sehr bald zeigen. Nur ein halbes Jahr nach der offiziellen Gründung der FED ereignete sich nämlich 7.500 Kilometer von Washington entfernt in Osteuropa ein Vorfall, der eines der dunkelsten Kapitel der menschlichen Geschichte einläutete und den amerikanischen Großbanken dabei ganz neue Möglichkeiten des Geldverdienens eröffnete.

6. DER ERSTE WELTKRIEG UND SEINE HEIMLICHEN FINANZIERS

Am 28. Juni 1914 wurden der österreichisch-ungarische Thronfolger Erzherzog Ferdinand und seine Frau Sophie in der bosnischen Hauptstadt Sarajewo vom dem Studenten Gawrilo Princip, einem serbischen Nationalisten, ermordet. Einen Monat später nahm Österreich-Ungarn das Attentat zum Anlass, Serbien den Krieg zu erklären. Anfang August erklärte Deutschland daraufhin Russland und Frankreich den Krieg, wenig später folgte Großbritanniens Kriegserklärung an Deutschland. Es begann der Erste Weltkrieg, an dem sich im Verlauf von vier Jahren vierzig Staaten beteiligten, die insgesamt siebzig Millionen Menschen unter Waffen ins Feld schickten, und an dessen Ende 17 Millionen Tote zu beklagen waren.

Der Mord von Sarajewo war aber nicht die wirkliche Ursache für den Krieg, sondern diente den beteiligten Mächten nur als Vorwand, um von langer Hand vorbereitete militärische Pläne in die Tat umzusetzen. Hintergrund dieser Pläne war eine gewaltige Machtverschiebung, die sich innerhalb der vorausgegangenen vierzig Jahre in Europa vollzogen hatte. Das Kaiserreich Deutschland hatte sich seit seiner Gründung im Jahre 1871 aus einem relativ rückständigen Land in die zweitstärkste Industrienation der Welt verwandelt. Bis zur Jahrhundertwende hatte es Frankreich überholt und war zum direkten Konkurrenten Großbritanniens geworden.

In London hatte man diese Entwicklung mit großer Sorge beobachtet. Es war nicht zu übersehen, dass Deutschland wegen des stetig steigenden Bedarfs an Rohstoffen und Absatzmärkten über seine eigenen

Grenzen hinausdrängte und sich so zu einer immer größeren Bedrohung für das britische Empire entwickelte, das die Welt mehr als einhundertfünfzig Jahre lang unangefochten beherrscht hatte.

Zudem plagte die britische Regierung noch eine zweite Angst: Die Kombination aus Technik, Wissenschaft und industrieller Kraft Deutschlands mit den unerschöpflichen Ressourcen und den billigen Arbeitskräften des russischen Zarenreichs hätte in kurzer Zeit zur Entstehung einer neuen Großmacht führen können. Aus diesem Grund hatte Großbritannien sich bereits 1894 mit Frankreich und Russland zur informellen »Triple Entente« (»Dreier-Vereinbarung«) verbündet und 1907 seine geopolitischen Differenzen mit Russland im Vertrag von St. Petersburg beigelegt.

Der Erste Weltkrieg war also vor allem ein Kampf zwischen Kontrahenten, deren Kräfteverhältnis sich verändert hatte. Die einen wollten ihren Platz in der internationalen Rangordnung behaupten, die anderen ihre Macht mit militärischen Mitteln erweitern. Doch allen Beteiligten war eines gemeinsam: Sie brauchten zur Kriegsführung Geld und mussten sich zunächst einmal nach Kreditgebern umsehen.

Bereits zwei Tage nach Kriegsausbruch suchten französische Regierungsvertreter aus diesem Grund in Paris die Bank *Morgan, Harjes & Company*, eine Tochterfirma des Bankhauses *J. P. Morgan*, auf und erkundigten sich nach einem Kredit in Höhe von 2,3 Milliarden Dollar. Sie setzten damit eine Kette von Ereignissen in Gang, die ein bezeichnendes Licht auf die Allianz warfen, die die US-Großbanken und die Politik in Washington mit der Gründung der FED eingegangen waren.

Die Banker von *Morgan, Harjes & Company* leiteten die Anfrage der französischen Regierung nämlich umgehend an US-Außenminister William Jennings Bryan weiter, der sich wiederum direkt in einem Brief an Präsident Woodrow Wilson wandte und nachfragte, ob es irgendwelche Vorbehalte gegen den Kredit gebe. Wilson hatte in der Tat Vorbehalte, aber nicht etwa, weil er einen Krieg aus moralischen Gründen ablehnte, sondern weil er fürchtete, in der Öffentlichkeit als Lügner dazustehen.

Er hatte der amerikanischen Bevölkerung nämlich versprochen, neutral zu bleiben und die USA unter allen Umständen aus dem Krieg herauszuhalten. Aus diesem Grund konnte er keinen Kriegskredit genehmigen, ohne seine Glaubwürdigkeit (und seine Wiederwahl) zu riskieren.

Wilsons Zögern rief Jack Morgan, den Sohn und Nachfolger des 1913 verstorbenen John Pierpont Morgan, auf den Plan. Er schrieb Wilson einen Brief, in dem er ihm darlegte, dass es nicht nur um die Gewährung von Krediten gehe, sondern man die vergebenen Gelder als Zahlungen für in den USA produzierte und an die Kriegsparteien gelieferte Waffen wieder ins Land holen könne. Morgans Brief gipfelte in dem Satz: »Der Krieg sollte eine enorme Chance für Amerika sein«.[34]

Wilson verstand die als Aufforderung gemeinte Botschaft der Wall Street und fand kurz darauf zusammen mit der Finanzindustrie eine Lösung für sein Problem: Die Kredite an Frankreich, ebenso wie die an England, wurden nicht als Kriegskredite ausgegeben, sondern zu Lieferanten-Kredite privater US-Unternehmen umdeklariert.

Die Wall Street und die großen US-Konzerne profitierten von dem Etikettenschwindel in doppelter Weise: Zum einen sorgten die Kredite für hohe Zinszahlungen aus dem Ausland, zum anderen floss das verliehene Geld als Bezahlung für Rüstungsgüter, die in den USA produziert wurden, umgehend ins Land zurück. Die Auftragsbücher von Stahl-, Waffen- und Chemieproduzenten wie *US Steel*, *Westinghouse*, *DuPont*, *Remington* und *Monsanto* explodierten förmlich. Ihre Einnahmen der Jahre 1914 bis 1918 legten die Grundlage für die Rolle, die diese Konzerne im 20. Jahrhundert auf dem Weltmarkt spielen sollten.

Dass das amerikanische Volk nicht skeptisch wurde, lag vor allem an der politischen Führung um Präsident Wilson. Sie nutzte jede Gelegenheit, um die eigene Neutralität zu beteuern und sich damit zu brüsten, dass man alles tue, um die eigene Bevölkerung aus dem barbarischen Gemetzel auf dem europäischen Kontinent herauszuhalten. Dabei vergaben die USA nicht nur an die Entente, sondern auch an deren Feind Deutschland Kredite und halfen so mit, einen Krieg in Gang zu halten, der Millionen Menschenleben forderte. (Die Praxis der Geldvergabe an beide Seiten im Kriegsfall – mit dem Ziel der Destabilisierung ganzer Regionen oder möglicher Konkurrenten auf dem Weltmarkt – wurde von folgenden US-Regierungen beibehalten und zählt seit mittlerweile über einhundert Jahren zum Standard-Repertoire der US-Außen- und Militärpolitik.)

Betrachtet man die Höhe der zwischen Ende 1914 und Anfang 1917 vergebenen Kredite, so versteht man auch, warum die USA am 6. April 1917 die historische Entscheidung trafen, die eigene Neutralität aufzugeben und aktiv ins Kriegsgeschehen einzugreifen: Nachdem in Russland die Herrschaft des Zaren durch die Februarrevolution ihr Ende gefunden hatte, sah es so aus, als ob Deutschland seine Truppen aus dem Osten an die Westfront verlegen und bei gleichzeitiger Ausweitung des Seekrieges den Sieg der Alliierten gefährden könnte.

Hintergrund des amerikanischen Kriegseintritts war eine sehr einfache Rechnung: In den beiden vorangegangenen Jahren hatte die Wall Street allein an Großbritannien Kredite in Höhe von 2,3 Milliarden Dollar und damit mehr als achtzig Mal so viel wie an das Deutsche Reich (das in der gleichen Zeit ca. 27 Millionen Dollar erhalten hatte) vergeben. Wäre Deutschland als Sieger aus dem Krieg hervorgegangen, wären nicht nur die US-Kredite an Großbritannien, sondern auch die an Frankreich, Russland und Italien vergebenen Gelder mit großer Sicherheit verloren gewesen.

Erneut erwies sich der Pakt, den die Wall Street und Washington durch die Gründung der FED eingegangen waren, als eine höchst effiziente Arbeitsteilung: Jetzt galt es nämlich, das amerikanische Volk von der Notwendigkeit eines Krieges zu überzeugen, dem es aus freien Stücken niemals zugestimmt hätte. Diesen Part übernahm die Politik, die nun die Initiative ergreifen und dem amerikanischen Volk einen plausiblen Grund für den Kriegseintritt liefern musste. Das war nicht ganz einfach, denn Präsident Wilson hatte erst im März 1917 seine zweite Amtszeit begonnen – nach einem Wahlkampf, in dem er und seine Demokratische Partei ihren eigenen Beitrag zum Krieg verheimlicht und dem amerikanischen Volk immer wieder versichert hatten, den offiziellen Kurs der Neutralität fortzusetzen. Was also tun?

Wilson, in vielen Geschichtsbüchern oft als wohlmeinender, etwas weltfremder Geschichtsprofessor dargestellt, tat etwas, das seinen Charakter in ein ganz anderes Licht rückt: Er begann die größte und teuerste PR-Kampagne, die bis dahin auf amerikanischem Boden geführt worden war. Am 13. April 1917 rief er zu diesem Zweck das ***Committee on Public Information*** (CPI, zu deutsch: Komitee für Öffentlichkeitsinformation) ins Leben, dessen einziges Ziel darin bestand, die arbeitende Bevölkerung der USA im Interesse von Politik und Finanzindustrie auf Kriegskurs zu bringen. Im Vorstand saßen der Außen-, der Verteidigungs- und der Marineminister der USA, denen führende Vertreter der Presse, des Universitätsbetriebes und der Künste an die Seite gestellt wurden.

Gemeinsam entfachten die Beteiligten ein Feuerwerk an patriotischen Parolen und einseitig gegen Deutschland gerichteten »Informationen«. Da es noch kein Radio und kein Fernsehen gab, wurden zunächst in erster Linie über die Presse gezielte Gräuelmeldungen über die Untaten deutscher Soldaten verbreitet. Darüber hinaus wurden überall im Lande Plakate aufgehängt, auf denen gegen das Deutsche Reich gehetzt und den Menschen das Gefühl gegeben wurde, die eigene Sicherheit sei durch den deutschen Militarismus gefährdet. Selbst die Traumfabrik Hollywood wurde in die Kampagne eingebunden und leistete auf die Schnelle mit Filmen wie »In den Klauen der Hunnen«, »Der Kaiser, die Bestie von Berlin« und »Der preußische Hundesohn« ihren Beitrag.

Der überwältigende Erfolg der Kampagne lag weniger an der Brillanz ihrer Erfinder, als vielmehr am niedrigen Bildungsniveau vieler Einwanderer, deren oft schwierige soziale Lage sie für simple Parolen und ein leicht verständliches Feindbild empfänglich machte. Viele junge Männer traten der Armee bei, da sie sich in ihren Rängen eine bessere Zukunft erhofften. Auf diese Weise gelang es dem CPI, aus einer Armee von gerade einmal 200.000 Mann innerhalb eines Jahres ein Herr von fast drei Millionen Soldaten zu machen.

Dennoch regten sich in der Bevölkerung auch kritische Stimmen und es kam zu offenen, teilweise gewaltsamen Protesten gegen die Mobilmachung. Um diese nicht ausufern zu lassen, weiteren Widerstand möglichst im Keim zu ersticken und prominente Kriegsgegner umgehend mundtot zu machen, wurde im Juni 1917 der **Espionage Act** (Spionage-Verordnung) erlassen, der US-Bürgern jegliche Einmischung in die Kriegsführung der US-Armee und jede Förderung der Kriegsgegner des Landes verbot. (Dabei handelt es sich übrigens um dasselbe Gesetz, das knapp einhundert Jahre später gegen den Whistleblower Bradley Manning angewandt wurde.)

Zusätzlich zur Mobilisierung ging die Regierung auch die Frage der Finanzierung des Krieges an. Dazu legte sie Kriegsanleihen auf, die passend zur parallel laufenden ideologischen Kampagne »Liberty Bonds« (»Freiheits-Anleihen«) genannt und unter Mithilfe zahlreicher Hollywood-Größen wie Douglas Fairbanks, Mary Pickford und Charlie Chaplin beworben wurden.

Die Anleihen wurden allerdings nicht etwa den größten Profiteuren des Krieges, also den Banken, angeboten, sondern den Bürgern, denen mit Nachdruck eingebläut wurde, dass es ihre patriotische Pflicht sei, sich an den Kosten des Krieges zu beteiligen. Die wenigsten unter ihnen dürften je erfahren haben, dass sie selbst als Steuerzahler auch noch die Sicherheiten für die Anleihen leisteten und dass die ersten 400 Millionen Dollar, die für die Liberty Bonds eingesammelt wurden, zur Deckung offener britischer Kriegsschulden direkt in die Kassen von *J. P. Morgan & Co.* flossen.

Während die Bürger der USA also durch staatliche Propaganda angehalten wurden, die Militärmaschinerie ihres Landes zu finanzieren und ihre Söhne in den blutigen Kampf nach Europa zu schicken (116.000 US-Soldaten fanden dort den Tod), entwickelte sich der Erste Weltkrieg nach dem Eintritt der USA zur größten Geldquelle, die die Wall Street bis dahin angezapft hatte: Allein in den verbleibenden 19 Monaten bis zum offiziellen Kriegsende im November 1918 vergaben die US-Großbanken weitere Kredite in Höhe von 9,3 Milliarden Dollar an die Alliierten. Das Geld brachte nicht nur Zinsen ein, sondern landete auf dem Umweg über London und Paris fast in vollem Umfang bei amerikanischen Rüstungsfirmen, die wiederum eng mit der Wall Street verbandelt waren und ihre Erlöse umgehend wieder in deren Geldkreislauf einspeisten.

Am Ende des Krieges stand aus diesem Grund nur eine Nation als wirkliche Siegerin da, und das waren die USA. Ihr größter Konkurrent im Kampf um die zukünftige Weltherrschaft, das Deutsche Reich, lag als Kriegsverlierer am Boden, und das wirtschaftlich schwer angeschlagene Großbritannien erstickte unter einem Berg von Schulden. Die USA dagegen waren durch die Vergabe von Kriegskrediten selbst zur größten Gläubigernation der Welt aufgestiegen und verfügten, da ein erheblicher Teil der Kredite in Gold bezahlt worden war, zum Ende des Krieges über fast vierzig Prozent der weltweiten Goldreserven.

Entscheidenden Anteil an diesem Erfolg hatte die nur ein Jahr vor Kriegsbeginn gegründete FED. Da sämtliche finanzielle Fäden bei ihr zusammenliefen, hatte sie bei der Zuteilung von Kriegskrediten ebenso wie bei der Vergabe von Geldern an die US-Banken gezielt zugunsten ihrer Eigentümer eingreifen können. Durch die Senkung des Leitzinses und die Erleichterung von Kreditbedingungen für die heimische Industrie hatte sie den Waffen-Export angetrieben und den Wirtschaftsaufschwung kräftig angeheizt. Dieser Aufschwung wiederum bewirkte, dass immer mehr Geld geliehen wurde und die FED am Ende des Ersten Weltkrieges – gerade einmal fünf Jahre nach ihrer Gründung – an der Spitze einer riesigen kreditgetriebenen Wirtschaftsmaschinerie stand und auf Grund ihrer Monopolstellung mehr Macht in Händen hielt als irgendeine Finanzinstitution vor ihr.

Obwohl der Erste Weltkrieg mit der Einstellung aller Kampfhandlungen im November 1918 zu Ende ging, war er für die FED und die politische Elite in Washington noch lange nicht vorbei. Die beiden Bündnispartner hatten jetzt nämlich zwei schwierige Aufgaben zu bewältigen: Zum einen musste die auf Krieg ausgerichtete US-Wirtschaft auf Friedenszeiten umgestellt werden und zum anderen hieß es nun, die vergebenen Milliardenkredite wieder einzutreiben – und zwar von Schuldnern, die zum großen Teil zahlungsunfähig waren.

7. NACH DEM KRIEG: DIE WALL STREET HILFT DEUTSCHLAND WIEDER AUF DIE BEINE

Zwei Monate nach Kriegsende kamen die Vertreter der siegreichen Alliierten im Pariser Vorort Versailles zusammen, um ihr weiteres Vorgehen gegenüber den Kriegsverlierern Deutschland, Österreich-Ungarn und dem Osmanischen Reich (aus dem später die Türkei hervorging) abzustimmen. Auf die Delegierten der USA wartete gleich zu Beginn eine unangenehme Überraschung: Ihre Verbündeten Großbritannien, Frankreich und Italien forderten mit Hinweis auf ihre schwierige Finanzlage einen Erlass ihrer Kriegsschulden.

Das Bündnis aus US-Hochfinanz und US-Politik lehnte einen solchen Erlass aber rundheraus ab. Schließlich war man dem Ziel, Großbritannien als Weltmacht abzulösen und die City of London als globales Finanzzentrum durch die Wall Street zu ersetzen, bereits ein entscheidendes Stück näher gekommen und nicht bereit, freiwillig auf die Rückzahlung von Krediten zu verzichten. Wie aber sollte man mit Schuldnern umgehen, die ganz offenbar außerstande waren, fällige Zahlungen zu leisten?

Es dauerte nicht lange, bis eine Lösung für das Problem gefunden war: Im **Friedensvertrag von Versailles** wurde Deutschland zum Alleinschuldigen am Ersten Weltkrieg erklärt und zu Gebietsabtretungen, zur Aufgabe seiner Kolonien und zu einem drastischen Abbau des Militärs verpflichtet. Vor allem aber wurden als Wiedergutmachung für erlittene Schäden und Verluste milliardenschwere **Reparationszahlungen** gefordert, die Deutschland an Großbritannien, Frankreich und Italien leisten sollte. Obwohl keine Zahlungen an die USA vereinbart wurden, war der Plan direkt auf die Interessen der US-Finanzelite zugeschnitten: Deutschlands Reparationsleistungen würden die Empfängerländer und damit die größten Schuldner der Wall Street nämlich in die Lage versetzen, ihre Schulden bei den US-Banken zu begleichen.

Zunächst wurden von Deutschland für die Jahre 1919 bis 1921 zwanzig Milliarden Goldmark gefordert. Im Juni 1920 legte die Konferenz von Boulogne dann weitere Zahlungen in Höhe von 269 Milliarden Goldmark fest, die in 42 Jahresraten gezahlt werden sollten. Auf der Londoner Konferenz vom Mai 1921 wurde der Betrag auf 132 Milliarden Goldmark reduziert, die Laufzeit dafür auf 57 Jahre verlängert. Doch auch geringere Forderungen und längere Fristen schafften das Grundproblem, an dem alle Pläne krankten, nicht aus der Welt: Wegen der durch die Kriegskosten entstandenen hohen Staatsschulden und der am Boden liegenden Wirtschaft war Deutschland außerstande, über einen längeren Zeitraum Milliardenzahlungen zu leisten.

Die vorrangige Aufgabe sowohl für die Alliierten, als auch für die Wall Street bestand also darin, Deutschland wieder zahlungsfähig zu machen. Dazu mussten zwei Ziele erreicht werden: Der deutsche Staat musste entschuldet und die deutsche Wirtschaft musste durch Investitionen wieder angeschoben werden. Genau diesen beiden Aufgaben widmeten sich die Regierungen in Berlin und Washington umgehend, und zwar in zwei Schritten: Zunächst wurde in Deutschland eine Inflation von nie gesehenem Ausmaß entfacht. Anschließend wurde das Land mit Krediten aus den USA überschwemmt.

Das Phänomen »**Inflation**« wird oft wie ein Naturereignis dargestellt, das ein Land unabhängig vom Willen der Politik und der Wirtschaft überkommt. Das aber hat mit der Realität nichts zu tun. Inflationen wie die in der Weimarer Republik[35] werden vorsätzlich erzeugt, und zwar durch ein Zusammenspiel von Politik und Finanzwirtschaft.

Auslöser der Inflation ist die Erhöhung der Geldmenge durch die Zentralbank (also das Drucken von Geld). Sie führt zu einem Anstieg der Preise und einem Nachlassen der Kaufkraft bei gleichzeitiger Zunahme der Steuereinnahmen. Da die Höhe der Schulden unverändert bleibt, sinkt sie im Verhältnis zum allgemeinen Preisniveau. Aus diesem Grunde sind Großschuldner, also Staaten, Konzerne und Finanzwirtschaft, immer an einer leichten, in schwierigen Lagen auch an einer höheren Inflation interessiert.[36]

Gewinner der Inflation sind neben dem Staat vor allem Großbanken, Konzerne und die vermögenden Teile der Bevölkerung. Sie können ihr Geld rechtzeitig in Waren oder Festwerten anlegen, sich größere Summen leihen, um billige Aktien oder gar Konkurrenten am Markt aufzukaufen oder auf Fremdwährungen ausweichen. Arbeitgeber profitieren zudem davon, dass die Arbeitseinkommen nicht mit der Inflation mithalten können, was für sie eine ständige Verringerung der Lohnkosten bedeutet. Vor allem aber können sie sich wegen der Sicherheiten, die sie z. B. in Form von Produktionsanlagen vorweisen können, rechtzeitig hoch verschulden und verstärkt investieren, um dann bei der Rückzahlung von der Entwertung des Geldes zu profitieren.

Verlierer der Inflation ist immer die arbeitende Bevölkerung, deren schwächste Teile besonders hart getroffen werden: Ihr Geld verliert an Kaufkraft (was extreme Auswirkungen auf die Ärmsten hat, die ja den Löwenanteil ihres Einkommens für Nahrungsmittel ausgeben), ihre Ersparnisse verlieren an Wert (was besonders Senioren hart trifft, die durch Sparen fürs Alter vorgesorgt haben) und ihr Einkommen hält mit der Inflation nicht mit, sondern hinkt ihr immer hinterher.

Weitere Verlierer der galoppierenden Inflation von 1923, die in einer Hyperinflation endete (die *Reichsbank* druckte allein am 25. Oktober 1923 120 Billiarden[37] Mark), waren 400.000 öffentliche Bedienstete, die ihren Arbeitsplatz verloren, und große Teile der deutschen Mittelschicht, die den Krieg durch den Kauf von Kriegsanleihen mitfinanziert hatten. Sie erhielten nach der **Währungsreform**, die die Inflation beendete, auf Grund einer Regierungsanweisung ganze 2,5 % ihres Einsatzes zurück. Anders ausgedrückt: Der deutsche Staat hat sich damals 97,5 %

der Schulden, die er bei seinen eigenen Bürgern hatte, mittels Inflation entledigt.

Von der Hyperinflation in Deutschland nicht betroffen waren dagegen die Empfänger der Reparationszahlungen und damit schlussendlich die Banken der Wall Street. Diese Zahlungen waren nämlich in Goldmark, Devisen oder in Sachgütern, d.h. in nicht von der Inflation betroffenen Werten, zu leisten. Der wahre Graben zwischen Siegern und Verlierern des Ersten Weltkrieges verlief also im Grunde nicht zwischen verschiedenen Nationen, sondern über alle Grenzen hinweg zwischen den Regierungen und der Finanzindustrie einerseits und der arbeitenden Bevölkerung andererseits.

Das galt auch für die USA. Die Umstellung von der Kriegswirtschaft auf die Friedenswirtschaft und die Wiedereingliederung von 2,8 Millionen für den Kriegsdienst verpflichteten amerikanischen Soldaten führten dazu, dass die Arbeitslosigkeit 1920 von vier auf fast zwölf Prozent anstieg, während das Bruttoinlandsprodukt um 17 Prozent sank. Der Staat reagierte mit drastischen Kürzungen: Die Ausgaben wurden von 18,5 Milliarden Dollar im Jahr 1919 bis auf 3,3 Milliarden Dollar im Jahr 1922 gesenkt, was vor allem die untersten Einkommensschichten hart traf. Gleichzeitig gerieten hunderttausende Mittelständler in den USA, die sich in den vorangegangenen Jahren wegen des rasanten Aufschwunges zu Investitionszwecken Geld geliehen hatten, bei der Rückzahlung ihrer Kredite in Verzug, was kleine und mittlere Banken in erhebliche Schwierigkeiten brachte.

Profiteure dieser Entwicklung waren die US-Großbanken. Deren neue Speerspitze, die FED, erkannte schnell die Zeichen der Zeit, erhöhte den Leitzins auf den Rekordwert von sieben Prozent und forderte massenweise Kredite ein. Auf diese Weise trieb sie zahlreiche kleine und mittlere Banken[38], sowie kleine und mittlere Unternehmen gezielt in den Bankrott, so dass diese von Großbanken und Großkonzernen (in den meisten Fällen zu Spottpreisen) aufgekauft werden konnten. Die

Folge war ein gewaltiger Konzentrationsschub in Wirtschaft und Finanzgewerbe.

In Deutschland wurde die Hyperinflation im November 1923 durch eine Währungsreform beendet. Die Mark wurde im Verhältnis 1 : 1 Billion durch die Rentenmark abgelöst. Das Ergebnis der Inflation war ein bis auf die Reparationsforderungen weitgehend schuldenfreier Staat und, da die Abzahlung von Krediten nach der Geldentwertung kein Problem mehr darstellte, ein Aufschwung der Industrie.

Sobald sich der Aufwärtstrend deutlicher abzeichnete, reagierten die Alliierten und regelten die deutschen Reparationszahlungen im August 1924 im **Dawes-Plan** neu. Allein der Name des Plans zeigt, wer inzwischen weltweit die Führung in internationalen Finanzfragen übernommen hatte: Namensgeber Charles Dawes war ein führender Banker aus Chicago und späterer Vizepräsident der USA. Kein Wunder also, dass die Einzelheiten des Plans direkt auf die Bedürfnisse der US-Finanzindustrie zugeschnitten waren.

Deutschland wurde im Dawes-Plan auferlegt, fünf Jahre lang 1 Milliarde Reichsmark und in den folgenden Jahren 2,5 Milliarden Reichsmark pro Jahr an die Alliierten zu zahlen. Später sollten die Zahlungen dann der Wirtschaftsleistung entsprechend angepasst werden. Um die Zahlungen grundsätzlich zu ermöglichen, wurden Deutschland von einem Konsortium vor allem amerikanischer Banken unter der Führung von *J. P. Morgan & Co.* und unter der Aufsicht des US-Außenministeriums Kredite in Höhe von insgesamt 800 Millionen Dollar mit Laufzeiten von 25 Jahren zu einem Zinssatz von 7 % gewährt.

Um die Gelder nicht ohne Sicherheiten aus der Hand zu geben, wurde der deutschen Regierung die Kontrolle über die *Reichsbank* entzogen und das Institut einem 14-köpfigen Generalrat, der zur Hälfte aus Ausländern bestand, unterstellt. Der US-Finanzexperte Parker Gilbert, später Geschäftsführer von *J. P. Morgan*, ließ sich als Statthalter der Alliierten in Berlin nieder und übernahm die Organisation der Reparationszahlungen und die Überwachung ihrer Golddeckung. Neuer Präsident der *Reichsbank* wurde Hjalmar Schacht, der die Bank bis 1930 leiten und unter Hitler von 1934 bis 1937 Reichswirtschaftsminister werden sollte.

Schacht zufolge hat Deutschland in den fünf Jahren von 1924 bis 1929 mehr ausländische Kredite bekommen als die USA in den vierzig Jahren vor dem Ersten Weltkrieg. Wie sehr die Banken der Wall Street dabei die eigenen Interessen über die der Alliierten der USA stellten, zeigt die Tatsache, dass Deutschland die privaten Kredite aus den USA bei Devisenknappheit gegenüber den Reparationszahlungen vorrangig bedienen musste.

Die Kreditschwemme bewirkte zunächst eine Stabilisierung der deutschen Wirtschaft und dann ein Konjunkturhoch, das 1928 seinen Höhepunkt erreichte. Doch während der wohlhabende Teil der Bevölkerung wie berauscht die »**Goldenen Zwanziger Jahre**« feierte, trug die Entwicklung den Keim für den eigenen Untergang bereits in sich. Da Deutschland die Reparationslasten mit geliehenem Geld bezahlte, brauchte es keinen Exportüberschuss zu schaffen, der zur Schuldentilgung nötig gewesen wäre. Stattdessen kam es zu einem (von den USA durch ihre immer höheren Schutzzölle geförderten) Importüberschuss, d. h.: Deutschland gab mehr Geld aus als es einnahm – und steuerte somit direkt auf die nächste Krise zu.

8. DAS WALL-STREET-PRINZIP: PROFITIEREN UND DESTABILISIEREN

Auch die USA erlebten mit den »Roaring Twenties« einen Wirtschaftsboom. Die Banken vergaben nämlich nicht nur nach Europa, Asien und Mittelamerika Kredite, sondern in immer größerem Ausmaß auch an die eigenen Bürger. Ratenzahlungen und die Kreditfinanzierung von Kühlschränken, Staubsaugern, Waschmaschinen und vor allem Autos ließen die Konsumausgaben zwischen 1919 und 1929 um das Siebzigfache in die Höhe schnellen.

Zwar verdienten die Großbanken an diesem Boom viel Geld, aber er hatte auch einen Nebeneffekt, der ihnen gar nicht gefiel: Er führte nämlich zur Gründung immer neuer Banken und damit in einen zunehmend schärferen Konkurrenzkampf, der die Gewinne der Marktführer empfindlich schmälerte. Aus diesem Grund nahm die FED im August 1929 erneut ihre Rolle als Speerspitze der Wall Street wahr, erhöhte den Leitzins und brachte die freizügige Kreditvergabe so zu einem jähen Ende. Die Folge: Zwischen 1929 und 1933 verschwanden in den USA nicht weniger als 11.000 der 25.000 Banken von der Bildfläche. Ihre Einleger verloren einen Großteil ihres Geldes, ihr Geschäft fiel in die Hände der Großbanken.

Die FED-Entscheidung zog aber noch weitaus größere Kreise nach sich. In den Jahren zuvor war auch an den US-Börsen immer mehr geliehenes Geld eingesetzt worden. Die ständig neuen Rekordkurse hatten Investoren sogar dazu veranlasst, Kapital aus Europa abzuziehen, um es im heimischen Aktienhandel, insbesondere an der New Yorker Börse, anzulegen. Die Folge war eine riesige Blase, die nach der Anhebung der

Leitzinsen durch die FED und dem darauf folgenden jähen Ende der Kreditvergabe am 24. Oktober 1929, dem »**Schwarzen Donnerstag**«, platzte. Da in ihrem Gefolge auch der Investitionsboom endete, schnellte die Arbeitslosigkeit in den USA bis 1932 auf 25 % hoch und leitete die bis 1941 andauernde **Große Depression** ein.

Schlimmer noch waren die Folgen für Deutschland: Nachdem die US-Banken ihr Geld zurückforderten, gerieten immer mehr deutsche Betriebe und Banken in Zahlungsschwierigkeiten und reagierten mit drastischen Maßnahmen. Die Arbeitslosigkeit explodierte, die soziale Lage verschärfte sich, die Regierung des Kanzlers Heinrich Brüning senkte Löhne und Gehälter, erhöhte Steuern und Abgaben und kürzte die Gelder für Arbeitslose. Das Ergebnis: Eine wachsende Entfremdung zwischen der arbeitenden Bevölkerung und der Politik und daraus folgend ein gewaltiger Anstieg der Anhängerschaft der Nationalsozialisten.

Die USA und ihre Alliierten reagierten auf die neue Lage mit dem »**Young-Plan**«, der wie sein Vorgänger die unzweideutige Handschrift der Wall Street trug. Urheber war Owen D. Young, Chef des US-Großkonzernes *General Electric*. Sein Plan sah unter anderem eine Begrenzung der Reparationszahlungen auf 121 Milliarden Goldmark bei einer Laufzeitverlängerung auf 58 Jahre vor. Das wirkte auf den ersten Blick wie eine Erleichterung der Bedingungen, erwies sich aber auf den zweiten Blick eher als Erschwernis: Während der von 1924 bis 1929 geltende Dawes-Plan Deutschland erlaubt hatte, seine Schulden zum Teil in Form von Waren zurückzuzahlen, bestand der Young-Plan ausschließlich auf Geldzahlungen. Diese führten zu immer härteren finanziellen Engpässen, ließen die Zahl der Arbeitslosen um eine weitere Million in die Höhe schnellen und bereiteten damit dem endgültigen Siegeszug der Nationalsozialisten den sozialen Boden.

Wichtigster Punkt des Young-Plans aber war – historisch gesehen – die Gründung der **Bank für Internationalen Zahlungsausgleich** (BIZ), die die Regelung der Reparationszahlungen übernehmen sollte. Ihre Eröffnung im Mai 1930 im schweizerischen Basel war nach der Gründung der FED im Jahr 1913 für die US-Finanzwirtschaft der zweite große Meilenstein auf dem Weg zur Erreichung ihres strategischen Ziels, nämlich der Ablösung Großbritanniens als Weltmacht. Die Reparationszahlungen dienten dabei nur als Vorwand, denn es interessierte die USA nicht besonders, ob Deutschland seine Schulden bei den Alliierten beglich oder nicht. Wichtig war für die USA vielmehr, eine über den einzelnen Staaten angesiedelte Finanzinstitution zu schaffen, die – von der internationalen Öffentlichkeit weitgehend unbeachtet – die Interessen der großen Wall-Street-Banken in Europa wahrnehmen konnte.

Da die Statuten der FED ihr eine Beteiligung an der BIZ nicht erlaubten, vertraten drei der größten US-Banken – *J. P. Morgan*, die *First National City Bank of New York* und die *First National Bank of Chicago* (später *Chase Manhattan*) – die US-Finanzelite innerhalb der neuen Organisation. Erster Präsident der BIZ wurde Gates White McGarrah, ehemaliger Generaldirektor von Rockefellers *Chase National Bank*, seit 1924 Mitglied der Reparationskommission der *Deutschen Reichsbank* und bis 1930 Direktor der New Yorker FED.

Im Sommer 1931 verschärfte sich die wirtschaftliche Lage in Deutschland dramatisch. Im Juni erklärte die Regierung Brüning, Deutschland sei nicht mehr in der Lage, seinen

Zahlungsverpflichtungen nachzukommen. US-Präsident Hoover reagierte umgehend und erließ am 20. Juni 1931 das **Hoover-Moratorium** (Moratorium = Zahlungsaufschub), das die deutschen Reparationszahlungen gegen den ausdrücklichen Willen Frankreichs zunächst auf ein Jahr aussetzte. Als daraufhin viele ausländische Gläubiger ihre noch in Deutschland verbliebenen Kredite kündigten, verschlechterte sich die deutsche Finanzsituation weiter. Selbst eine Erhöhung des Leitzinses der *Reichsbank* auf fünfzehn Prozent konnte kein ausländisches Kapital mehr ins Land locken.

Die kurz darauf einsetzende deutsche Bankenkrise ließ bei der US-Finanzelite sämtliche Alarmglocken schrillen, denn ein deutscher Staatsbankrott hätte für die Wall-Street-Banken wegen der vielen vergebenen

Kredite katastrophale Folgen gehabt. Um einen solchen Bankrott zu verhindern, sorgten die USA umgehend dafür, dass Deutschlands Reparationszahlungen auf der **Konferenz von Lausanne** im Juli 1932 mit der Aufforderung zu einer symbolischen Restzahlung (die nie geleistet wurde) beendet wurden. Die Maßnahme war nicht nur eine schallende Ohrfeige für Großbritannien und Frankreich, die mit weiteren Reparationszahlungen gerechnet hatten und nun leer ausgingen, sondern auch ein deutliches Signal der Ermutigung an die immer stärker werdende nationalsozialistische Bewegung in Deutschland, die bereits seit mehr als einem Jahrzehnt gegen die Reparationszahlungen zu Felde zog.

Hinter dem Verhalten der USA stand ein klares geschäftliches und politisches Kalkül: Zum einen wollte man um jeden Preis den Verlust der in der Vergangenheit an Deutschland vergebenen Gelder verhindern. Zum anderen aber wollte man auch die in Deutschland getätigten hohen Investitionen sichern. Seit Mitte der zwanziger Jahre hatten US-Banken nämlich erhebliche Summen in deutsche Industriebetriebe investiert, allen voran in die großen Kartelle des Landes – die Allgemeine Elektrizitätsgesellschaft (AEG), die Vereinigten Stahlwerke und die Industriegemeinschaft Farben (*IG Farben*), die den Chemie- und den Stahlsektor Deutschlands beherrschten. Auch im Bereich der Fahrzeugproduktion hatten sich die USA kräftig engagiert – durch die Übernahme von *Opel* durch *General Motors* im Jahr 1929 und durch den Aufbau der *Ford AG* – beides Unternehmen, die im Zweiten Weltkrieg entscheidend zur Produktion von Panzern und Lastwagen für die deutsche Wehrmacht beitragen sollten.

Es gab aber noch einen dritten wesentlichen Grund für die Strategie der USA und das war der Aufstieg der Nationalsozialisten. Deren Programm war seit der Veröffentlichung ihres Grundsatzprogramms, der »**25 Punkte**«, im Jahr 1920 bekannt und durch Adolf Hitlers 1925 erschienenes Buch »Mein Kampf« in vielen Teilen ergänzt und konkretisiert worden. Die Ziele der Bewegung waren unzweideutig: Es ging um die Vernichtung der Juden und die Unterdrückung jeglicher Opposition im Inneren, also die Abschaffung der parlamentarischen Demokratie und die Errichtung einer auf SA und SS[39] gegründeten Diktatur.

Für die Wall Street aber war ein dritter Punkt interessant, und zwar die »**Schaffung von Lebensraum im Osten**«. Hinter dieser Parole verbarg sich nichts anderes als die kriegerische Eroberung Osteuropas, insbesondere Russlands und damit eine Politik, die den USA (und Großbritannien) hervorragend ins politische Konzept passte: Ein solcher Krieg würde sowohl Deutschland, als auch Russland viel Geld kosten, beide Länder militärisch binden und den Westmächten dadurch erheblich nützen. Hinzu kam, dass sich in Russland seit November 1917 ein Regime an der Macht hielt, das das größte Land der Erde dem Zustrom westlichen Kapitals weitgehend entzog und sich so zunehmend zu einem Dorn im Auge der Wall Street und der City of London entwickelte – obwohl es selber mit der Hilfe westlicher Gelder an die Macht gekommen war.

9. DIE RUSSISCHE REVOLUTION – ERKAUFT UND AUS DEM RUDER GELAUFEN

Es dürfte wohl kaum ein politisches Ereignis des 20. Jahrhunderts geben, um das sich mehr Legenden ranken als um die Russische Revolution. Vor allem die extrem unterschiedliche Einschätzung der Revolutionsführer, die zwischen kritikloser Vergötterung durch ihre Anhänger und finsterer Dämonisierung durch ihre Feinde schwankt, hat den Versuch, die historischen Fakten objektiv freizulegen, jahrzehntelang erschwert.

Auf jeden Fall haben die Ereignisse vom November 1917 soziale und politische Umwälzungen bewirkt, die das Gesicht der Welt nachhaltig verändert, der betroffenen Bevölkerung mehr Schaden als Nutzen gebracht und die Idee des **Kommunismus** in den Augen der internationalen Öffentlichkeit vermutlich auf Generationen hinaus diskreditiert haben. Vor allem aber haben sie einer winzigen Gruppe elitärer Führer, die sich in vielen Fragen zu Unrecht auf Karl Marx und Friedrich Engels beriefen, ein Maß an Macht und Einfluss in die Hände gelegt, das bis dahin absoluten Monarchen vorbehalten war.

Obwohl der Welt als »**Diktatur des Proletariats**«, also der Mehrheit der arbeitenden Bevölkerung, präsentiert, war die Russische Revolution von Beginn an ihr Gegenteil: Es handelte sich um die durch eine ausländische Regierung ermöglichte Machtübernahme durch eine kleine politische Gruppierung, die ihr Ziel aus eigener Kraft und ohne fremde Hilfe kaum erreicht hätte. Ihre Führung wäre wohl auch nicht an der Macht geblieben, wenn sie politische Gegner nicht nach dem Prinzip »Der Zweck heiligt die Mittel« mit äußerster Rücksichtslosigkeit aus dem Weg geräumt und die eigene Position unter Missachtung aller vorher von ihr vertretenen Prinzipien gefestigt hätte.

Wie wir heute wissen, hat die Führung der »Bolschewisten«[40] bereits in den Jahren vor 1917 ausländisches Geld erhalten.[41] So wurde die zur Verbreitung ihrer Ideen wichtige Parteizeitung »Prawda« (»Die Wahrheit«) nicht, wie offiziell behauptet, ausschließlich durch die Spenden von Parteimitgliedern, sondern zu einem erheblichen Teil durch ausländisches – vornehmlich deutsches – Geld finanziert.[42] Entgegen seiner offiziellen Ablehnung jeglicher Geheimdiplomatie pflegte Lenin, der die Revolution zusammen mit Trotzki anführen sollte, bereits vor seiner Rückkehr nach Russland im Schweizer Exil über Mittelsmänner Verbindungen zu diplomatischen Kreisen in Berlin und zur Obersten Deutschen Heeresleitung – also zu politischen Kräften, die er in seinen Reden und Schriften vehement bekämpfte.

Ohne diese geheimen Kontakte hätte die Russische Revolution niemals stattgefunden, denn ohne sie hätten Lenin und seine Begleiter die Schweiz im April 1917 nicht in einem von der deutschen Regierung zur Verfügung gestellten Eisenbahnwaggon verlassen, über Skandinavien nach Russland reisen und dort vor Ort die Führung der Bolschewisten übernehmen können. Außerdem hätte Lenin wohl kaum einen anderen Geldgeber gefunden, der in der Lage gewesen wäre, ihm Bargeld in zweistelliger Millionenhöhe zur Ergreifung der Macht und zur Bekämpfung seiner Gegner zur Verfügung zu stellen.

Warum aber unterstützte das Deutsche Kaiserreich russische Revolutionäre, deren erklärtes Ziel es war, die Monarchie abzuschaffen und die Diktatur des Proletariats zu errichten? Ganz sicherlich nicht aus Gründen politischer Sympathie, sondern aus einem rein pragmatischen Machtkalkül heraus: Die Regierung in Berlin wollte Russland, das nach tausendjähriger Herrschaft durch die Zaren im Februar 1917 eine erste Revolution durchgemacht hatte, weiter destabilisieren, um ihm anschließend auf militärischem Weg den Todesstoß zu versetzen. Das heißt: Man rechnete in Berlin nicht damit, dass sich Lenin und die

Bolschewisten über längere Zeit an der Macht halten würden, sondern hielt sie für eine vorübergehende politische Erscheinung, die in Russland für Unruhe sorgen würde und die man deshalb zum eigenen Vorteil ausnützen konnte.

Die Bolschewisten zeigten sich für die Unterstützung durch das Deutsche Kaiserreich erkenntlich, indem sie die zuvor gestellte Forderung nach der Umwandlung des Ersten Weltkrieges in »revolutionäre Bürgerkriege« sofort nach ihrer Machtübernahme fallen ließen. Außerdem schlossen sie Mitte Dezember 1917 einen Waffenstillstand an der gesamten Ostfront und im März 1918 mit Deutschland den Separatfrieden von Brest-Litowsk, in dem sie u. a. auf das Gebiet der Ukraine verzichteten. Das widersprach zwar dem nach außen hin verfolgten Ziel der Verbreitung der Weltrevolution[43], kam dafür aber den wahren Absichten der Bolschewisten – nämlich der Festigung der eigenen Macht um jeden Preis – genauso entgegen wie der Umzug der Regierung von Petrograd nach Moskau im Frühjahr 1918.

Mit diesem Umzug – weg von der Kriegsfront ins sichere Inland – wandten sich die neuen Machthaber von all denen ab, die sie in Petrograd (zuvor St. Petersburg, später Leningrad) bei der Machtergreifung unterstützt hatten. Dass sie sich anschließend entgegen allen revolutionären Gleichheitsprinzipien[44] im luxuriösesten aller Zarenpaläste Russlands – dem Kreml – niederließen, muss innerhalb ihrer zumeist bettelarmen Anhängerschaft sprachloses Entsetzen hervorgerufen haben und dürfte einer der wichtigsten Gründe dafür gewesen sein, weshalb ihr Rückhalt in der Bevölkerung rapide abnahm.

Die Bolschewisten reagierten darauf aber nicht etwa mit einer Kursänderung, sondern mit Gewalt. Mit der »Tscheka« hatten sie bereits im Dezember 1917 eine Geheimpolizei eingeführt, deren Machtbefugnisse ständig erweitert und deren Mitgliederzahl kontinuierlich erhöht wurde und die innerhalb der Bevölkerung Angst und Schrecken verbreitete. Die am Aufstieg der Bolschewisten und an ihrer Machtübernahme beteiligten bewaffneten Revolutionskomitees wurden nach und nach aufgelöst, den Arbeiter-, Bauern- und Soldatenräten – vor der Revolution noch mit der Parole »Alle Macht den Räten«[45] von Lenin und Trotzki unterstützt – wurde immer mehr Macht entzogen. Die Rote Armee wurde offiziell geschaffen, um das Land vor ausländischen Konterrevolutionären zu schützen, in der Praxis aber ebenso zur militärischen Absicherung der Herrschaft der neuen Machthaber nach innen eingesetzt.[46]

Leo Trotzki, vor der Revolution erklärter Gegner der Bolschewisten, von Lenin aber wegen seiner Schlüsselrolle als Vorsitzender des mächtigen Petrograder Arbeiter- und Soldatenrates 1917 kurz vor der Machteroberung in die Partei aufgenommen, wurde mit der Aufgabe betraut, die Rote Armee zu organisieren. Er tat das, indem er die zunächst im Rahmen der Revolution abgeschafften militärischen Ränge ebenso wie die Todesstrafe wieder einführte und ehemalige zaristische Generäle in die Führungsriege der Armee berief.

Trotzkis Maßnahmen riefen bei denen, die die Bolschewisten während der Revolution unterstützt hatten, Empörung und offenen Hass hervor. Als Lenin 1921 auch noch die »**Neue Ökonomische Politik**« ankündigte, die die bis dahin weitgehend gleichmacherische Wirtschaftspolitik der Bolschewisten durch eine teilweise Rückkehr zu kapitalistischen Prinzipien (bis hin zur Einführung einer Börse) ersetzte, kochte die Wut über: In **Kronstadt**, dem ehemaligen Herzen der Revolution, erhoben sich Tausende, die 1917 Kopf und Kragen riskiert hatten, um die Bolschewisten an die Macht zu bringen, und verlangten den Rücktritt der in ihren Augen verräterischen Regierung.

Die neuen Herrscher im Kreml reagierten mit eiserner Härte, ließen den Aufstand in einem blutigen Häuserkampf niederschlagen und seine Anführer hinrichten. Anschließend verwirklichten sie nicht nur die Neue Ökonomische Politik, sondern kooperierten bei der Errichtung eines eigenen Bankensystems und der Erschließung von Ölfeldern mit ausländischen, vornehmlich britischen und US-amerikanischen Geldgebern. Nutznießer dieser Entwicklung war nicht etwa – wie offiziell behauptet – die Arbeiterklasse, sondern eine immer weiter ausufernde

Funktionärsclique (die »Apparatschiks«, später auch als »**Nomenklatura**« bezeichnet), die sich um die alten Bolschewisten herum gebildet hatte und die sich vor allem durch einen Charakterzug auszeichnete: Sie wurde von Jahr zu Jahr konservativer und war ausschließlich auf die Aufrechterhaltung des Status Quo bedacht, d.h. der Erhaltung der eigenen Macht.

Obwohl die Führung der Sowjetunion offiziell noch jahrelang Lippenbekenntnisse zur Weltrevolution ablegte und den Umsturz 1917 immer wieder als ihren Auftakt bezeichnete, hat sie nach der eigenen Machtübernahme in keinem einzigen Fall wirklich versucht, dieses Ziel zu erreichen. Sowohl die halbherzige Unterstützung der Kommunistischen Partei Deutschlands (KPD) bei den Aufständen von 1919 und 1923, als auch die Waffenlieferungen an die Antifaschisten in Spanien in den dreißiger Jahren dienten nicht etwa der Befreiung der Arbeiterklasse vom Joch des Kapitalismus, sondern ausschließlich der Stärkung der eigenen Verbündeten im Ausland (was häufig zur Schwächung der gesamten Arbeiterbewegung führte[47]) und der Wahrnehmung eigener geostrategischer Interessen.

Wie konnte es sein, dass dieses Land dem westlichen Bündnis trotz seiner konservativen und nur auf Machterhaltung bedachten Führung ein solcher Dorn im Auge war, dass sämtliche westlichen Großmächte bis zu seinem Zusammenbruch 1991 an seiner Destabilisierung interessiert waren? Der Grund hierfür lag in den ökonomischen und sozialen Veränderungen, die die Revolution 1917 herbeigeführt hatte. In ihrem Zuge waren das Privateigentum an den Produktionsmitteln offiziell abgeschafft, die Mehrheit der großen Betriebe und das Bankensystem verstaatlicht und ein Außenhandelsmonopol errichtet worden. Alle drei Maßnahmen schufen ein zentralistisches Wirtschaftssystem, das die Sowjetunion weitgehend vom Zufluss westlichen Kapitals abschottete. Investitionen waren nur in sehr begrenztem Maße und nur unter Beteiligung sowjetischer Staatskonzerne möglich, ausländischen Banken war die Eröffnung von Filialen untersagt, spekulative Aktivitäten von Ausländern wurden vom sowjetischen Staat unterbunden – nicht etwa aus ethisch-moralischen Gründen, sondern weil die Herrschaft der Funktionäre untrennbar mit dem neuen System verbunden war. Mit der Abschaffung der Planwirtschaft wäre ihre Herrschaft ebenfalls beendet gewesen.

Die 1917 vom deutschen Kaiserreich getroffene Entscheidung, die Bolschewisten zu unterstützen, um Russland zu destabilisieren, dürfte als eine der folgenschwersten politischen Fehlentscheidungen des 20. Jahrhunderts in die Annalen der Weltgeschichte eingehen. Sie hat dazu geführt, dass ein Regime auf Jahrzehnte hinaus Fuß fassen konnte, dessen Macht sich im Gegensatz zu allen anderen Regimes nicht auf marktwirtschaftliche Strukturen, sondern auf eine zentralistische Planwirtschaft stützte. Die Folge dieser Änderung des Wirtschaftssystems: Ein Sechstel der Erdoberfläche wurde für das internationale Finanzkapital zu einer weißen Fläche auf der Landkarte – und musste deshalb langfristig für das große Geld zurückerobert werden.

10. DEUTSCHLANDS FINANZELITE ENTSCHEIDET SICH FÜR DEN KRIEG

Die Geschichte der **Nationalsozialistischen Deutschen Arbeiterpartei** (NSDAP) liefert nicht nur ein anschauliches Beispiel dafür, wie wirtschaftliche und soziale Verhältnisse das Wachstum einer extremen politischen Bewegung beeinflussen. Sie zeigt vor allem, dass in letzter Instanz nicht die Politik, sondern die führenden Kräfte in Wirtschaft und Hochfinanz das historische Schicksal eines Landes bestimmen und dass sich beide bei der Wahl ihrer Mittel nur von einem einzigen Motiv leiten lassen – dem größtmöglichen Nutzen für sich selbst.

Der Aufstieg der NSDAP fällt fast komplett mit der kurzlebigen Geschichte der **Weimarer Republik** zusammen. Das Programm der 1920 umbenannten »Deutschen Arbeiterpartei« (DAP) war im Grunde nichts anderes als eine direkte politische Antwort auf den Ausgang des Ersten Weltkrieges: Im Versailler Vertrag von 1919 hatten die Siegermächte Deutschland die alleinige Kriegsschuld zugeschrieben, ihm seine Kolonien aberkannt und angekündigt, Reparationszahlungen zur Wiedergutmachung der Kriegsschäden zu verlangen.

Die NSDAP forderte deshalb in ihrem Grundsatzprogramm »den Zusammenschluss aller Deutschen auf Grund des Selbstbestimmungsrechtes der Völker zu einem Groß-Deutschland«, die »Aufhebung der Friedensverträge von Versailles und St. Germain« und »Land und Boden (Kolonien) zur Ernährung unseres Volkes und Ansiedlung unseres Bevölkerungsüberschusses.« Ihren Anfangserfolg verdankte die Partei vor allem der Wut der arbeitenden Menschen, die den Ersten Weltkrieg zum großen Teil nicht gewollt, seine Folgen aber mit aller Härte zu spüren bekommen hatten.[48] Die Hyperinflation und die daraus folgende Verarmung der unteren Einkommensschichten verstärkten diese Wut noch und ermutigten Hitler 1923 sogar zu einem Putschversuch, der jedoch scheiterte.

Die anschließende Kreditvergabe an Deutschland im Rahmen des Dawes-Plans, auf deren Grundlage sich die »Goldenen Zwanziger Jahre« entwickeln konnten, hellte die Stimmung in weiten Teilen der deutschen Bevölkerung wieder auf und ließ die NSDAP für einige Jahre fast in die Bedeutungslosigkeit absinken. Mit dem Ende des Kreditbooms änderte sich diese Situation aber schlagartig: Die explodierenden sozialen Probleme – das rasante Anwachsen der Arbeitslosigkeit und die Zunahme von Armut und Obdachlosigkeit – schufen einen idealen Nährboden, auf dem sich die NSDAP innerhalb weniger Jahre in eine nationale Massenbewegung verwandelte. Doch während die Partei kontinuierlich an Einfluss gewann, zögerte die deutsche Elite zwischen 1930 und 1933 immer wieder, sie an die Macht zu lassen. Wieso?

Der Grund liegt darin, dass die einflussreichste Macht im Staat, also die Finanzindustrie, jegliche Art von Veränderung hasst. Sie schafft sich still und leise eigene Machtstrukturen, um ihre Herrschaft so ungestört wie möglich auszuüben und hält an den so geschaffenen Institutionen so lange wie irgend möglich fest. Genau das geschah in den zwanziger Jahren nach der Vertreibung des letzten deutschen Kaisers Wilhelm II. ins holländische Exil: Banken und Großkonzerne unternahmen alles, um die eigene Position zu festigen. Sie schufen Institutionen, die ihnen ihr Gewerbe erleichterten, ließen Gesetze erlassen, die ihre Besitztümer schützten und knüpften alle Arten von Beziehungen zur Politik und zum Staatsapparat, um sich direkten Zugang zu den Entscheidungsträgern zu verschaffen.

Die neuen politischen Machthaber, allen voran die Sozialdemokratische Partei, leisteten ihnen dabei wertvolle Hilfestellung: Sie gaukelten dem deutschen Volk vor, dass mit der Weimarer Republik eine neue Ära angebrochen sei und es nun, von den Fesseln der Monarchie befreit, in einem demokratischen Gemeinwesen mittels Wahlen selbst über die eigenen Geschicke entscheiden könne. Tatsächlich aber war mit dem Kaiser nur eine bereits weitgehend machtlose politische Marionette von der Bildfläche verschwunden. Adel und Großbürgertum dagegen waren geblieben und darüber hinaus von den Gründervätern der Weimarer Republik mit Samthandschuhen angefasst worden. Weder hatte man ihren Großgrundbesitz, noch ihre Beteiligungen an Banken und Konzernen angetastet. Das heißt: Deutschland befand sich auch nach 1919 weitgehend im Besitz derselben Bevölkerungsteile wie zu Zeiten des Kaiserreichs.

Die Einführung der parlamentarischen Demokratie durch die neuen Machthaber im Jahr 1919 war nichts anderes als ein Zugeständnis an die politisch radikalisierten Massen, denen so das Gefühl gegeben wurde, von nun an auch mitreden zu dürfen. Dieses Entgegenkommen fiel dem großen Geld nicht einmal sonderlich schwer, denn ihm war klar, dass es jederzeit in der Lage war, sich »seine« Politiker zu erkaufen. Insbesondere die Führung der SPD spielte in der Anfangsphase der Weimarer Republik eine wichtige Rolle bei der Festigung der neuen Strukturen, da sie innenpolitisch für einen schnellen und gründlichen Ausbau des Sicherheitsapparates sorgte und sich außenpolitisch vollständig der Linie der USA unterwarf und weder den Dawes-Plan, noch den Young-Plan je infrage stellte.

Als die Situation zu Beginn der dreißiger Jahre zu kippen drohte, weil Deutschlands wirtschaftliche und soziale Probleme ausuferten, hoffte das große Geld zunächst, die Lage durch rasche Regierungswechsel und immer härtere Reformen in den Griff bekommen zu können. Doch der Erfolg blieb aus, die Spannungen im Land nahmen zu und die Weimarer Republik drohte nach und nach im Chaos zu versinken.

Eine Zeitlang wirkte die herrschende Elite orientierungslos. Bei sechs Millionen Arbeitslosen und einer am Boden liegenden Wirtschaft war das kein Wunder, denn zur grundlegenden Verbesserung der Lage wurde ein umfassendes Paket an Maßnahmen gebraucht: Zusätzliche Quellen für Staatseinnahmen mussten erschlossen, Massenbeschäftigungsprogramme gegen die Arbeitslosigkeit aufgelegt, neue Absatzmärkte geschaffen werden. Die Wirtschaft brauchte, um im Wettkampf mit den anderen Großmächten bestehen zu können, Zugang zu günstigen Rohstoffen und billige Arbeitskräfte. All das war im Grunde nur auf eine Art und Weise zu haben – durch die Ausdehnung des Landes über die eigenen Grenzen hinaus. Da die Welt aber bereits aufgeteilt war, hieß das: Durch die Entfachung eines Krieges.

Für einen solchen Krieg stand mit der NSDAP bereits die passende Partei bereit. Die militärische Eroberung Osteuropas und Russlands war ein wesentlicher Bestandteil ihres Programms. Doch das deutsche Großbürgertum tat sich mit seiner Entscheidung für die Nationalsozialisten und ihr Kriegsprogramm schwer. Nicht aus moralischen Erwägungen oder ethischen Bedenken heraus, sondern aus zwei ganz profanen Gründen: Zum einen, weil es den Nationalsozialisten nicht traute, denn schließlich bestand deren Programm auch aus Forderungen wie der nach der Verstaatlichung von Betrieben, der Gewinnbeteiligung an Großunternehmen, dem Ende der »Zinsknechtschaft« und einer Bodenreform – allesamt sozialistische und gegen das Großkapital gerichtete Parolen, die vor allem vom linken Flügel der Partei unter Gregor Strasser und zeitweilig auch von Joseph Goebbels vertreten wurden und die den Besitzern großer Vermögen natürlich überhaupt nicht gefielen.

Zum anderen war klar, dass ein Krieg erhebliche Vorbereitungen und einschneidende Maßnahmen erforderte: Das Volk, das nach den Erfahrungen des Ersten Weltkrieges mehrheitlich gegen einen Krieg eingestellt war, musste ideologisch durch die Verteufelung des zukünftigen Gegners auf Kurs gebracht werden. Dazu war es notwendig, eine Reihe von Organisationen kaltzustellen, deren Anhänger die Kriegspolitik mit Sicherheit nicht mittragen würden, allen voran die Gewerkschaften, die SPD und die KPD.

Da diese aber über Anhängerschaften in Millionenhöhe verfügten, bedeutete das einen Frontalangriff auf deren elementare demokratische

Rechte und langfristig nicht mehr und nicht weniger als die Abschaffung des Parlamentarismus. Das wiederum hieß, dass man sich auch neben den staatlichen Organen auf den bis dahin unberechenbaren Gewaltapparat der NSDAP in Form der SA und der SS stützen musste. Insgesamt also war die Entscheidung für einen Krieg mit riesigen Umwälzungen, erheblichen Unwägbarkeiten und unabsehbaren Risiken behaftet.

Erst als die Lage immer auswegloser wurde und die Weimarer Republik nicht nur in wirtschaftlichem Chaos, sondern auch in einem Bürgerkrieg zu versinken drohte, traf das deutsche Großbürgertum seine endgültige Entscheidung zugunsten der Nationalsozialisten. Allerdings unternahm es sofort alles in seiner Macht Stehende, um die eigenen Interessen zu schützen und langfristig abzusichern: Bereits vor Adolf Hitlers Ernennung zum Reichskanzler am 30. Januar 1933 begannen die Spitzen der deutschen Industrie und des deutschen Bankgewerbes hinter verschlossenen Türen mit der Führung der NSDAP zu verhandeln.

Anfang Januar lud Kurt Freiherr von Schröder, einer der mächtigsten und einflussreichsten deutschen Bankiers, der über hervorragende Kontakte zur Wall Street und zur City of London verfügte, Hitler und dessen Vorgänger Franz von Papen in seine Villa in Köln ein. In Gegenwart von Hitlers Stellvertreter Rudolf Hess, SS-Chef Heinrich Himmler und Hitlers Verbindungsmann zur deutschen Industrie, Heinrich Keppler, ließ sich von Schröder erklären, wie man es gemeinsam schaffen könne, die deutsche Industrie in den Bereichen synthetisches Öl und Gummi vom Ausland unabhängig zu machen – die Voraussetzung zur Führung eines erfolgreichen Krieges.

Drei Wochen nach Hitlers Ernennung kam es am 20. Februar 1933 in Hermann Görings Amtssitz zu einem Geheimtreffen zwischen Hitler und 27 Industriellen. Unter ihnen befanden sich der Schwerindustrielle Gustav Krupp von Bohlen und Halbach, Vertreter der Konzerne *Siemens*, *IG Farben*, AEG, *Vereinigte Stahlwerke* und *Opel* und die Vorsitzenden des Reichsverbands der deutschen Industrie. Auf diesem Treffen kündigte Hitler den Anwesenden die Abschaffung demokratischer Grundrechte und die Ausschaltung der Gewerkschaften an. Im Gegenzug erklärten sich Industrie und Finanzsektor bereit, den für März angesetzten Wahlkampf, der vermutlich mit Hitlers Sieg enden würde, finanziell zu unterstützen.

In der Tat flossen kurz darauf Spendengelder von mehr als zwei Millionen Reichsmark auf ein Konto des späteren Reichsfinanzministers und Präsidenten der *Reichsbank*, Hjalmar Schacht. Wie aus Joseph Goebbels Tagebuchaufzeichnung hervorgeht, handelte es sich um eine Summe, »die uns mit einem Schlage aller Geldsorgen enthebt«.

Drei Monate nach der letzten Reichstagswahl, die bereits im Zeichen des Terrors von SA und SS stand, führte der Reichsstand der Deutschen Industrie die »Adolf-Hitler-Spende« zugunsten der NSDAP ein. Aus dieser zunächst freiwilligen Spende wurde schon kurze Zeit später eine Zwangsabgabe. Bereits im August 1933 mussten sämtliche deutsche Gastwirte ein Prozent ihres Umsatzes für die Adolf-Hitler-Spende abführen, anschließend mussten sich Industriebetriebe mit fünf Promille ihrer Lohnkosten daran beteiligen. Insgesamt kamen auf diese Weise bis 1945 700 Millionen Reichsmark an industriellen Unterstützungsgeldern für die NSDAP zusammen.

Die zunehmende Nähe zwischen NSDAP und dem großen Geld zeigte sich auch innerhalb der Partei: Der ›linke‹ Flügel unter Gregor Strasser hatte bereits im Oktober 1932 auf einen Teil seiner antikapitalistischen Forderungen verzichtet. Nun knickte er vollends ein und bekannte sich nach der Machtübernahme offen zum Privateigentum, wandte sich gegen die Verstaatlichung von Industrie und Handel und forderte statt einer Steuererhöhung für die Reichen eine Steuersenkung.

11. AUSLÄNDISCHES GELD HILFT, HITLERS KRIEGSMASCHINERIE ZU ÖLEN

Die USA und Großbritannien nahmen die Annäherung zwischen den neuen Machthabern in Berlin und der deutschen Wirtschaft aus der Distanz wohlwollend zur Kenntnis und reagierten umgehend mit neuen Investitionen und einer weiteren freizügigen Vergabe von Krediten. Viele finanzielle Transaktionen wurden hinter dem Rücken der internationalen Öffentlichkeit über die Basler BIZ abgewickelt, die der *Reichsbank*-Präsident und zeitweilige Reichsfinanzminister Hjalmar Schacht »meine Bank« nannte und in der er vor allem mit seinem Vorstandskollegen Montagu Norman, von 1920 bis 1944 Gouverneur der *Bank of England*, neben einer persönlichen Freundschaft eine enge Zusammenarbeit pflegte.

Am 4. August 1933 kam es auf dem Obersalzberg zwischen Adolf Hitler und Vertretern der Wall Street zum ersten persönlichen Gespräch. Auf seinem Feriensitz im Berchtesgadener Land empfing Hitler Sosthenes Behn, einen Direktor der *National City Bank of New York*, und Henry Mann, ihren deutschen Vizepräsidenten. Über das Gespräch sind keine Einzelheiten bekannt, aber Sosthenes Behn war nicht nur Banker, sondern hatte 1920 die *International Telephone and Telegraph Company* (ITT) gegründet. ITT war in den dreizehn Jahren seit ihrer Gründung zu einer der mächtigsten Firmen der Welt aufgestiegen und unterhielt diverse Beteiligungen in Deutschland, von denen mehrere in der Waffenproduktion aktiv waren.

Besonders gut lässt sich die Verflechtung von deutschem und ausländischem Kapital am Beispiel der *Industriegemeinschaft (IG) Farben* verdeutlichen. Die *IG Farben* war 1925 durch die Verschmelzung von sechs deutschen Industriekonzernen entstanden – der *Badischen Anilin*, *Bayer*, *Agfa*, *Hoechst*, *Weiler-ter-Meer* und *Griesheim Elektron*. Der Konzern war damals in der Lage, durch den von seinen Ingenieuren entwickelten Prozess der Kohlehydrierung[49] Benzin zur Hälfte aus Kohle zu gewinnen. Das große Ziel bestand darin, Benzin zu einhundert Prozent synthetisch herzustellen – um Deutschland im Kriegsfall von ausländischen Importen unabhängig zu machen.

Um dieses Ziel zu erreichen, suchte sich die *IG Farben* einen starken Partner und fand ihn in Rockefellers *Standard Oil of New Jersey*[50], mit dem das Management 1929 eine Kooperation einging. Die *IG Farben* übertrug die Weltrechte für die Kohlehydrierung (mit Ausnahme Deutschlands) auf *Standard Oil of New Jersey* und erhielt im Gegenzug 35 Milliarden US-Dollar an *Standard-Oil*-Aktien. Zudem gründeten beide Konglomerate ein Joint Venture (gemeinsames Unternehmen) zur gegenseitigen Nutzung von Patenten und zur Herstellung von synthetischem Benzin. Im Vorstand dieser *American I.G. Company*, die ihren Besitzern in den kommenden Jahren fantastische Gewinne bescheren sollte, saß unter anderen Paul Warburg, einer der Gründer der FED.

Obwohl nicht zu übersehen war, dass ein großer Teil der Produktentwicklung der *IG Farben* kriegerischen Zwecken diente, störten sich die ausländischen Partner nicht daran. Auch als die Nationalsozialisten nach der Machtübernahme ein Verbindungsbüro bei der Wehrmacht einrichteten, das die Übernahme von Konkurrenten in eroberten oder besetzten Ländern organisieren sollte, regte sich kein Widerstand.

Derart unbehelligt, gelang es der *IG Farben* bis zum Ausbruch des Zweiten Weltkrieges, durch Beteiligungen oder die Besetzung von Führungsposten ungestört Einfluss auf 380 deutsche und mehr als 500 ausländische Firmen zu gewinnen. Zudem gab es mehr als 2.000 Kartellvereinbarungen zwischen *IG Farben* und ausländischen Firmen, darunter nicht nur *Standard Oil of New Jersey*, sondern auch die Großkonzerne *Dupont*, *Alcoa* und *Dow Chemical*. Insgesamt schaffte es die *IG Farben* mit ausländischer Hilfe, die eigene Größe zwischen 1927 und 1939 zu verdoppeln.

Auch die offensichtliche Unterstützung Hitlers durch das Management der AEG, das bereits unter dem Dawes-Plan Kredite im Werte von 35 Millionen US-Dollar erhalten hatte, ließ deren ausländische Anteilseigner kalt: 1933 besaß der US-Konzern *General Electric* 30 Prozent an dem deutschen Unternehmen, zu dessen ausländischen Direktoren u. a. auch Owen Young – der Urheber des Young-Planes – gehörte. Insgesamt trugen mehr als 150 langfristige ausländische Kredite zwischen 1924 und 1931 an deutsche Unternehmen dazu bei, die Kriegsmaschinerie des Landes bereits vor Hitlers Machtübernahme in Gang zu bringen.

Eine ähnliche Rolle wie die USA spielte auch Großbritannien bei der Aufrüstung Deutschlands. So verlängerte die City of London ein 1931 abgeschlossenes Kreditabkommen, das die deutschen Schuldner nur dazu verpflichtete, Zinszahlungen, aber keine Tilgung zu leisten, bis zum Ende des Jahrzehnts und ließ gleichzeitig die Vergabe weiterer Kredite zu. Darüber hinaus wurde Deutschland in den dreißiger Jahren zum größten Handelspartner Großbritanniens und bis zum Ende des Jahrzehnts mit vier Mal soviel britischen wie US-amerikanischen Waren beliefert.

Im Jahr 1935 wurde eine angelsächsisch-deutsche Gesellschaft gegründet, an der sich u. a. *Unilever*, *Dunlop Rubber*, die britische Stahlexportvereinigung und BP beteiligten. Bereits 1932 hatte *Vickers-Armstrong*, der britische Hersteller von schwerem Geschütz und Kriegsschiffen, im »Militär-Wochenblatt«, der offiziellen Publikation der Reichswehr, Panzer und gepanzerte Fahrzeuge angeboten.

Den Löwenanteil an direkten Investitionen in Hitlerdeutschland aber trugen die USA: Bis 1941 hatten sie insgesamt etwa 475 Millionen US-Dollar in das nationalsozialistische Dritte Reich gepumpt. *Standard Oil of New Jersey* lag mit 120 Millionen Dollar weit vor *General Motors* mit 35 Millionen, ITT mit 30 Millionen Dollar und *Ford* mit 17,5 Millionen Dollar.[51] Ohne die Investitionen dieser drei Unternehmen wäre es dem Deutschen Reich im Übrigen gar nicht möglich gewesen, Krieg zu führen. So stellten die zu *General Motors* gehörenden *Opel*-Werke die beim Einmarsch in Polen eingesetzten »Blitz«-Lkw her, während die deutsche Niederlassung der *Ford*-Werke fast die Hälfte aller 2–3-Tonnen-Lkw für die Wehrmacht produzierte und die Patente von *Standard Oil of New Jersey* es der *IG Farben* ermöglichten, das für alle Fahrzeuge notwendige Benzin aus heimischer Kohle zu gewinnen.

Selbst als es zum organisierten Boykott jüdischer Geschäfte in Deutschland kam und Nachrichten von den ersten gewalttätigen Ausschreitungen gegen Juden die arbeitenden Menschen in aller Welt erschütterten, ließen internationale Investoren ihr Geld weiter nach Deutschland fließen. Weder die Auflösung der Gewerkschaften, öffentliche Bücherverbrennungen oder Parteienverbote, noch die Verkündung von Rassengesetzen, mit denen die Judenverfolgung juristisch legitimiert und der Antisemitismus im deutschen Recht verankert wurde, stoppten den Geldfluss aus dem Ausland. Im Gegenteil: Statt das rassistische und diktatorische Regime in Deutschland von allen Geldströmen abzuschneiden und international zu ächten, ging das Ausland in seiner Unterwürfigkeit noch einen Schritt weiter und gestattete Hitler, auch auf internationaler politischer Bühne alle Hüllen fallen zu lassen.

Als im März 1938 deutsche Truppen in Österreich einmarschierten und das Land gewaltsam in Besitz nahmen[52], kam es zu keinerlei Widerstand seitens der Großmächte. Obwohl Frankreich und Großbritannien 1919 einen Beitritt Deutsch-Österreichs zum Deutschen Reich verboten hatten und obwohl die Sowjetunion beide Länder nach dem Einmarsch deutscher Truppen zu Maßnahmen gegen den Anschluss Österreichs aufforderte, geschah – nichts. Im Gegenteil: Der britische Botschafter erklärte auf Bitten Görings sogar Großbritanniens prinzipielle Übereinstimmung mit den Ansprüchen Deutschlands gegenüber Österreich. Auch als das Deutsche Reich sich das Vermögen der österreichischen Nationalbank inklusive ihrer Goldreserven und ihrer 4.000 BIZ-Aktien einverleibte, regte sich international kein Widerstand.

Die nächste Steigerungsstufe wurde ein halbes Jahr später, im September 1938, erreicht. In der 1918 aus Teilen Ungarns, Österreichs, Deutschlands und Polens geschaffenen Tschechoslowakei lebten dreieinhalb Millionen Sudetendeutsche. Sofort nach der Machtübernahme 1933 begannen die Nationalsozialisten, nationalistische Autonomiebestrebungen im Sudetenland zu unterstützen und zu fördern. Nach der Einnahme Österreichs führten diese zu der immer lauter geäußerten Forderung »Heim ins Reich!«, womit ein Anschluss des Sudetenlandes an Deutschland gemeint war.

Unter dem Vorwand, diesen als »**Sudetenkrise**« in die Geschichte eingegangenen Konflikt beilegen zu wollen, wurde am 30. September 1938 die »Münchener Konferenz« einberufen. Während die tschechoslowakische Regierung von der Konferenz ausgeschlossen war, nahmen Regierungsvertreter Großbritanniens, Frankreichs, Italiens und Deutschlands daran teil und gaben den Nationalsozialisten unter Missachtung der Souveränität (des Selbstbestimmungsrechtes) der Tschechoslowakei grünes Licht für die Angliederung des Sudetenlandes an das Deutsche Reich. Dabei muss allen Beteiligten damals klar gewesen sein, dass die Tschechoslowakei für die Kriegspläne der Nationalsozialisten eine entscheidende Rolle spielte – neben dem Ruhrgebiet wurden die hochindustrialisierten oberschlesischen Betriebe um die Stadt Kattowitz im Zweiten Weltkrieg zur wichtigsten Waffenschmiede des Dritten Reiches.

Es blieb aber nicht bei einer passiven Hinnahme der Ereignisse: Als die deutsche Wehrmacht im März 1939 die Tschechoslowakei überfiel und es als »Reichsprotektorat Böhmen und Mähren« ans Dritte Reich[53] angliederte, konfiszierte ein Sonderkommando der *Reichsbank* die Goldbestände der tschechoslowakischen Nationalbank und zwang deren Führung, die Basler BIZ anzuweisen, das in London bei der *Bank of England* liegende Golddepot im Wert von 64 Millionen Reichsmark an die *Reichsbank* in Berlin zu versenden.

Obwohl klar war, dass die tschechische Nationalbank einen solchen Auftrag niemals aus freien Stücken erteilt hätte, entsprachen sowohl die

BIZ, als auch die *Bank of England* umgehend der Forderung und machten damit klar, dass sie den Kriegsplänen des Dritten Reiches nicht nur keinen Widerstand entgegensetzten, sondern jederzeit bereit waren, diese aktiv zu fördern und sich damit selbst zu Wegbereitern des bevorstehenden Krieges zu machen.

12. DER ZWEITE WELTKRIEG SCHAFFT DIE ERSTE GLOBALE SUPERMACHT

Mit über sechzig beteiligten Staaten, einhundertzehn Millionen Menschen unter Waffen und geschätzten sechsundsechzig Millionen Toten ist der Zweite Weltkrieg die bis heute schwerste militärische Auseinandersetzung, die je auf der Erde stattgefunden hat. Obwohl vom Dritten Reich durch den Einmarsch in Polen ausgelöst, war er im Grunde nichts anderes als die nach einundzwanzig Jahren erneut aufgenommene militärische Auseinandersetzung zur Beantwortung der beiden für das große Geld wichtigsten Fragen des 20. Jahrhunderts:

Wer würde Großbritannien als Weltherrscher ablösen – Deutschland oder die USA? Und wie konnte die seit 1917 durch die herrschende Funktionärskaste von den internationalen Kapitalströmen weitgehend abgeschnittene Sowjetunion (die immerhin ein Sechstel der Erdoberfläche umfasste) wieder für Investoren und Spekulanten geöffnet werden?

Die Spitzen der deutschen Industrie und des deutschen Finanzsektors hatten diese Frage bereits 1933 beantwortet, als sie sich hinter die neuen Machthaber in Berlin stellten und auf die nationalsozialistische »**Eroberung des Lebensraumes im Osten**« setzten – also den Krieg gegen Osteuropa. Sie rechneten offensichtlich damit, dass eine Unterwerfung des Ostens dem Dritten Reich Absatzmärkte, billige Arbeitskräfte und Zugang zu dringend benötigten Rohstoffen bescheren und es damit stark genug für den anschließenden Kampf um die Weltherrschaft machen würde.

Großbritannien, dessen globaler Einfluss seit dem Ersten Weltkrieg beständig abnahm, während seine Schulden ebenso beständig zunahmen, setzte zunächst auf eine Taktik des Abwartens und Hinhaltens, auch »**Appeasement**« (»Beschwichtigungspolitik«) genannt: Es hoffte darauf, dass das Deutsche Reich nach den schlechten Erfahrungen im Ersten Weltkrieg die Konsequenzen ziehen und auf einen Zwei-Fronten-Krieg verzichten würde. Dass die Regierung in Berlin sich militärisch nach Osten orientierte, war der Regierung in London nur recht, denn zum einen würde das die Sowjetunion schwächen und zum anderen erforderte die Kriegsführung Geld und Material – und Großbritannien war bereit, Deutschland mit beidem zu versorgen.

Nicht anders dachten die USA. Sie hatten Deutschland nach dem Ersten Weltkrieg finanziell wieder auf die Beine geholfen und unterstützten es auch nach der Machtergreifung durch die Nationalsozialisten – sehr zum eigenen Vorteil – durch Kreditvergabe und Investitionen. Dass Deutschland ganz offensichtlich einen Krieg gegen die Sowjetunion plante, kam der Wall Street ebenfalls gelegen, denn die Revolution von 1917 hatte ihr deren riesigen Markt weitgehend verschlossen.

Dann aber geschah etwas, das niemand erwartet hatte: Im August 1939 schlossen das Dritte Reich und die Sowjetunion den »**Hitler-Stalin-Pakt**«. In ihm verpflichteten sich beide Staaten, einander nicht anzugreifen, bei Auseinandersetzungen eines Vertragspartners mit Dritten neutral zu bleiben und Konflikte untereinander friedlich beizulegen. Außerdem gewährte das Deutsche Reich der Sowjetunion in einer Zusatzvereinbarung einen Kredit in Höhe von 200 Millionen Reichsmark, für den es im Gegenzug Öl und industrielle Rohstoffe erhielt.

Die Nachricht vom Abschluss des Abkommens schlug weltweit wie eine Bombe ein. Zum einen hatte niemand damit gerechnet, dass die vermeintlichen Todfeinde – Kommunisten und Faschisten – jemals ein Bündnis miteinander eingehen würden. Zum anderen hatte Deutschland nun den Rücken frei, um einen Krieg im Westen zu beginnen.

Großbritannien und Frankreich reagierten mit blankem Entsetzen, das sich noch verstärkte, als bereits eine Woche nach Vertragsunterzeichnung deutsche Truppen in Polen einmarschierten und deutlich wurde, dass Hitler und Stalin Polen, Finnland, Estland und Lettland untereinander aufgeteilt hatten.[54] Die Regierungen in London und Paris, für die eine Allianz zwischen Berlin und Moskau den schlimmsten aller Alpträume darstellte, forderten das Deutsche Reich ultimativ zum Rückzug seiner Truppen auf. Als sich die Regierung in Berlin weigerte, erklärten sie Deutschland den Krieg.

Während in Frankreich mit Ausnahme kleiner Grenzscharmützel noch etwa ein halbes Jahr lang Ruhe herrschte (der sogenannte »Sitzkrieg«), begann die deutsche Marine umgehend, britische Kriegs- und Handelsschiffe zu versenken und britische Seehäfen zu verminen. Ziel war es, Großbritanniens Versorgung mit Nahrungsmittel- und Rohstoffimporten über den Seeweg so weit wie möglich zu unterbinden. Die Regierung in London erklärte im Gegenzug die Blockade Deutschlands, erhöhte zur Finanzierung des bevorstehenden Krieges die Steuern, führte die Wehrpflicht wieder ein und rationierte wichtige Güter.

Dann allerdings gerieten die Dinge ins Stocken. Da die Truppen der Wehrmacht in Polen langsamer vorankamen als erhofft, verschob Hitler den bereits geplanten Angriff auf Frankreich und ließ sein Militär zunächst im April 1940 in Norwegen und Dänemark und anschließend im Mai 1940 in Belgien und den Niederlanden einmarschieren. Bei diesen Beutezügen schlüpfte die Basler BIZ erneut in die Rolle des Verbündeten der Nationalsozialisten: Sie ließ stillschweigend zu, dass die jeweiligen Zentralbanken jüdischen Besitz übernahmen und den deutschen Besatzern das Gold dieser Länder übereigneten.

Erst im Juni 1940 wandte sich Hitler Frankreich zu und bereitete ihm im »Westfeldzug« innerhalb weniger Wochen eine vernichtende Niederlage. Im August 1940 begann die Luftschlacht um England, in der zwischen September 1940 und Mai 1941 mehr als 3.700 Flugzeuge zerstört wurden. Für Großbritannien wurde die Lage zusehends brenzliger: In Asien und Afrika drohte der Verlust von Kolonialgebieten, und im eigenen Land fehlten Waffen und Munition, um sich auf Dauer erfolgreich gegen Deutschlands Angriffe zu wehren. Als Winston Churchill im Mai

1940 das Amt des Premierministers übernahm, blieb ihm, sofern er den Krieg nicht verlieren wollte, nur eine Möglichkeit: Er musste sich einen starken Verbündeten suchen. Da für diese Rolle nur die USA in Frage kamen, entstand eine geradezu groteske Situation, denn schließlich waren sie es, die Deutschland über ein Jahrzehnt lang aufgerüstet hatten.

Erneut gelang es der Allianz aus US-Politik und US-Wirtschaft, die Situation kühl kalkulierend zum eigenen Vorteil auszunutzen: Im Februar 1941 verabschiedete der US-Kongress den »**Lend-Lease Act**« (das »Leih- und Pachtgesetz«), der es US-Konzernen erlaubte, neben Nahrungsmitteln kriegswichtiges Material wie Waffen, Munition, Fahrzeuge, Treibstoff und sogar Flugzeuge an Großbritannien und die Länder des Commonwealth zu liefern – gegen spätere Bezahlung. Während die Politik in Washington die USA also weiterhin für neutral ausgab, verschaffte sie der Wall Street und den großen US-Konzernen so die Möglichkeit, nach Jahren der Aufrüstung Deutschlands nun an seiner Bekämpfung Geld zu verdienen.

Es sollte für das US-Kapital sogar noch besser kommen: Nach dem Überfall Deutschlands auf die Sowjetunion im Juni 1941 (dem **Unternehmen »Barbarossa«**) und dem Entstehen der Anti-Hitler-Koalition wurde der Lend-Lease Act im November 1941 auch auf die Sowjetunion ausgedehnt. Die Lieferung von fast einer halben Million Jeeps und Lkw, zehntausend Jagdflugzeugen, viertausend Bombern und mehr als siebentausend Panzern spülten auch bei verzögerter Bezahlung (an der die Banken durch Vorfinanzierung zusätzlich verdienten) bis zum Kriegsende 1945 weitere Milliardenbeträge in die USA.

Erst als sich abzeichnete, dass Deutschland den Krieg möglicherweise für sich entscheiden könnte, begann die Regierung in Washington, ihre Strategie zu ändern. Am 14. August 1941 trafen sich US-Präsident Roosevelt und der britische Premier Churchill auf dem Schlachtschiff »Prince of Wales« vor der Küste Neufundlands, verabschiedeten die »**Atlantik-Charta**«, die später zur Grundlage der Vereinten Nationen werden sollte, und beschlossen gemeinsam die »endgültige Vernichtung der Nazi-Tyrannei«.[55]

Die USA waren auf diese Strategieänderung gut vorbereitet: Sie hatten ihre Streitkräfte nach und nach aufgerüstet, ein Heer von 1,6 Millionen Soldaten auf die Beine gestellt und ihre Rüstungsproduktion im Jahr 1941 auf 4,5 Milliarden Dollar hochgeschraubt. Dennoch schlugen sie nicht gleich los, sondern verharrten noch eine Weile in Lauerstellung. Der in fast allen Geschichtsbüchern als Grund für ihren Kriegseintritt angeführte Angriff japanischer Kampfflieger auf die US-Pazifikflotte im hawaiianischen **Pearl Harbour** im Dezember 1941 war keineswegs die Ursache für ihren Kriegseintritt, lieferte ihnen aber den willkommenen Vorwand.

Wie wir heute wissen, hat die US-Regierung unter Roosevelt den japanischen Angriff nicht nur durch Handelssanktionen wie die Einstellung aller Öllieferungen an Japan provoziert, sondern möglicherweise auch vorher von ihm gewusst[56] und sogar entsprechende Vorbereitungen getroffen, indem es u. a. zwei für die weitere Kriegsführung wichtige Flugzeugträger rechtzeitig aus Pearl Harbor abzog.

Auch wenn diese Interpretation der Ereignisse sich nicht zweifelsfrei belegen lässt, bleibt festzuhalten, dass der japanische Angriff der US-Regierung überaus gelegen kam: Zum einen war Hitlers Vorhaben, sich nach dem Angriff auf die Sowjetunion im Juni 1941 Zugriff auf deren Rohstofflager zu verschaffen, im Dezember 1941 endgültig gescheitert. Zum anderen konnte die Regierung in Washington der amerikanischen Bevölkerung, die einem weiteren Krieg mehrheitlich ablehnend gegenüberstand, einen Grund vorweisen, der ihren Kriegseintritt rechtfertigte.

Der japanische Angriff auf Pearl Harbor ließ die Kriegserklärung der USA an Japan aber nicht nur innerhalb der USA, sondern auch vor den Augen der Welt wie einen Akt der Selbstverteidigung erscheinen. Da Japan zuvor mit Deutschland und Italien den Dreimächtepakt abgeschlossen hatte, in dem die drei Länder einander Beistand im Kriegsfall zugesichert hatten, folgten im Abstand von nur drei Tagen die Kriegserklärungen Deutschlands und Italiens an Washington, so dass die USA auch in diesem Fall als das Opfer ausländischer Aggression dastanden. Auf diese Weise gelang es den USA, den Zweiten Weltkrieg in den Augen der internationalen Öffentlichkeit aus der Opferrolle heraus zu bestreiten, sich als Kreuzritter der Demokratie und Vorhut im Kampf gegen die Tyrannei brutaler Diktatoren zu präsentieren und nach dem Sieg der Alliierten sogar als »Befreier« feiern zu lassen – eine Darstellung, die die Wirklichkeit auf den Kopf stellt, die sich aber in den Köpfen vieler Menschen rund um den Globus bis heute festgesetzt hat.

Obwohl durch den Kriegseintritt der USA eine wichtige Vorentscheidung über seinen Ausgang gefallen war, sollte es noch mehr als drei Jahre dauern und das Leben von mehreren Millionen Menschen kosten, bis die Kämpfe im Mai 1945 in Europa und im September 1945 in Asien endeten. Den Preis für die amerikanische Beteiligung am Krieg zahlten nicht nur 400.000 junge US-Soldaten, die auf den Schlachtfeldern beider Kontinente den Tod fanden. Etwa die Hälfte der Kriegskosten wurde der arbeitenden Bevölkerung durch den **US Revenue Act** (Gesetz über die Einnahmen der USA) von 1942 aufgebürdet, der ihre Steuerausgaben verdoppelte. Banken, Finanzinstitute und wohlhabende Privatleute dagegen kauften Kriegsanleihen und konnten auf diese Weise durch Zinseinnahmen auch noch am Kriegsgemetzel verdienen.

Der mit Abstand größte Gewinner der Jahre 1942 bis 1945 aber waren die US-Rüstungsindustrie und die hinter ihr stehenden Geldgeber. Das globale Kriegsgeschehen schuf eine nie zuvor gekannte Nachfrage nach Waffen. Da auf dem Boden der USA nicht gekämpft wurde, konnte die US-Rüstungsindustrie – im Gegensatz zu ihren Konkurrenten – unbehelligt rund um die Uhr produzieren. Moralische oder ethische Bedenken kamen dabei nicht auf: So wie man in der Zeit der offiziellen Neutralität der USA nicht gezögert hatte, gegeneinander kämpfende Kriegsparteien gleichzeitig mit Waffen zu versorgen, ging man nun sogar noch einen Schritt weiter und ließ in dem streng geheimen »**Manhattan-Projekt**« ab 1942 unter Hochdruck eine neue Waffe entwickeln, deren Zerstörungskraft alles bisher Dagewesene übertreffen sollte – die Atombombe.

Eigentlich sollte ihr erster Einsatz auf deutschem Boden erfolgen. Da ihre Entwicklung aber länger als geplant dauerte (der erste Testversuch fand zwei Monate nach der deutschen Kapitulation am 16. Juli 1945 in Neumexiko statt), änderten US-Präsident Truman und die Führung der US Army ihre Pläne und ließen die erste Atombombe am 6. August 1945 um 8:06 Uhr morgens auf die nichtsahnende Bevölkerung von Hiroshima abwerfen.

Dass der Feuerball mit einer Innentemperatur von über einer Million Grad innerhalb von Sekunden mehr als 70.000 Häuser zerstörte, 80.000 Menschen verbrannte und zehntausende verstümmelte, hielt die Verantwortlichen nicht davon ab, drei Tage später eine weitere Atombombe auf die Hafenstadt Nagasaki zu werfen und noch einmal vierzigtausend japanische Zivilisten in einem nuklearen Feuersturm zu töten.

Offiziell weisen die USA bis heute jegliche Verantwortung an dem eiskalt geplanten Massenmord zurück und verweisen auf die zynische Erklärung des damaligen Präsidenten Harry Truman, der nach den Angriffen behauptete, den Zweiten Weltkrieg auf diese Weise frühzeitig beendet und damit weitere Opfer verhindert zu haben. Tatsächlich kann man davon ausgehen, dass es den USA beim Abwerfen beider Atombomben vor allem um eines ging: Der Welt wirkungsvoll zu zeigen, dass nun das »**American Century**«[57] (das amerikanische Jahrhundert) angebrochen war und Washington ab sofort kein Mittel mehr scheuen würde, um sich die Welt nicht nur wirtschaftlich, sondern auch militärisch zu unterwerfen. Insbesondere aber dürfte diese Demonstration einem Staat gegolten haben, der zwar im Rahmen der »Anti-Hitler-Koalition« zu den Verbündeten der USA gezählt und dessen Bevölkerung im Krieg den mit Abstand höchsten Preis bezahlt hatte, der aber von den USA nach dem »Sieg über die Tyrannei« dringend für eine neue Rolle gebraucht wurde – der Sowjetunion.

13. NEUE FEINDBILDER MÜSSEN HER: SOWJETUNION UND KOMMUNISMUS

Kein anderes Land hat unter dem Zweiten Weltkrieg so sehr gelitten wie die UdSSR (Union der sozialistischen Sowjetrepubliken = Sowjetunion). Innerhalb von sechs Jahren verloren 27 Millionen Menschen, darunter 14 Millionen Zivilisten, ihr Leben. Dazu verschwanden 70.000 Dörfer von der Landkarte, 1.700 Städte wurden vollständig zerstört und 32.000 Fabriken dem Erdboden gleich gemacht.

Dennoch ging die UdSSR nicht nur als einer der Sieger, sondern auch politisch gestärkt aus dem Krieg hervor, spielte in der Nachkriegszeit auf dem internationalen Parkett eine zunehmend wichtigere Rolle und galt spätestens ab Ende der vierziger Jahre neben den USA als zweite globale Supermacht. Wie konnte es sein, dass ein Land, das derartige Verluste erlitten hatte, einen solchen Aufstieg erlebte?

Es gibt dafür drei Gründe: Zum einen verfügte die Kaste der sowjetischen Funktionäre auf Grund ihrer Einparteienherrschaft über fast unumschränkte Machtbefugnisse und war deshalb in der Lage, der eigenen Bevölkerung mehr zuzumuten und abzuverlangen, als es unter den Bedingungen einer parlamentarischen Demokratie möglich gewesen wäre. Zweitens erlebten die moskauhörigen kommunistischen Parteien in West- und Südeuropa in der Endphase des Zweiten Weltkrieges einen gewaltigen Aufschwung und wurden auf Grund ihrer planwirtschaftlichen Programmatik vom Finanzkapital als Bedrohung seiner lebensnotwendigen Grundlage, der Marktwirtschaft, gesehen. Drittens stand die Allianz aus US-Rüstungs- und Finanzindustrie trotz ihres Sieges im Zweiten Weltkrieg nach dem Ende aller Kampfhandlungen vor einem riesigen Problem: Um weiter Profit machen zu können, mussten Waffen produziert werden, doch dazu brauchte man einen Krieg oder zumindest einen potenziellen Gegner…

Zum ersten Grund, der allumfassenden Macht der sowjetischen Bürokratie: Die wichtigste wirtschaftliche Veränderung, die die Russische Revolution herbeigeführt hatte, war die Vergesellschaftung der Produktionsmittel. Durch die Abschaffung des Privatbesitzes waren die alten Besitzer enteignet und ihre Fabriken und Betriebe in Staatseigentum überführt worden. Da sich der Staatsapparat aber schon kurz nach der Revolution ausschließlich in den Händen der bolschewistischen Partei befand, war der Privatbesitz an den Produktionsmitteln im Grunde nur durch die Verfügungsgewalt über die Produktionsmittel ersetzt worden. Das heißt: An die Stelle der von den Kommunisten bekämpften Klasse der Kapitalisten war die Kaste der bolschewistischen Funktionäre getreten.

Diese Kaste verfügte allerdings schon bald über erheblich mehr Macht als die früheren Besitzer der Produktionsmittel. Da die bolschewistische Partei alle anderen Parteien verboten und sich zum alleinigen Diktator über das Land aufgeschwungen hatte, kontrollierten ihre Funktionäre nämlich nicht nur die Wirtschaft, sondern auch den Staatsapparat inklusive Justiz, Militär und Geheimpolizei, sowie die Medien. Diese Machtfülle ermöglichte es der 1918 in KPdSU (Kommunistische Partei der Sowjetunion) unbenannten bolschewistischen Partei, die russische Bevölkerung unter Einsatz aller verfügbaren Druckmittel dazu zu zwingen, ein rückständiges Agrarland in einem beispiellosen Tempo in einen Industriestaat zu verwandeln.

Weder die Kollektivierung[58] der Landwirtschaft, noch die Elektrifizierung des gesamten Landes oder der Aufbau einer Schwerindustrie wären im Rahmen einer parlamentarischen Demokratie innerhalb eines Zeitraumes von weniger als zwanzig Jahren durchzusetzen gewesen. Nur der hemmungslose Einsatz von Gewalt gegen die eigene Bevölkerung – die Errichtung eines Netzes von Zwangslagern (dem »Gulag«), die Durchführung von »Säuberungen«, die allein in den Jahren 1934 bis 1936 eineinhalb Millionen Menschen das Leben kosteten, millionenfache Zwangsumsiedelungen und die Inkaufnahme von Hungersnöten – ermöglichten den gigantischen Sprung ins Industriezeitalter und versetzten die UdSSR letztlich auch in die Lage, Deutschland 1945 militärisch zu besiegen.

Dieser – auch von den USA nicht erwartete – Sieg verhalf der UdSSR auf den drei Konferenzen von Teheran, Jalta und Potsdam, auf denen die Siegermächte die Nachkriegsordnung festlegten, zu einer Position der Stärke und verlieh ihren Forderungen solchen Nachdruck, dass ihr unter anderem die Länder des späteren »Ostblocks« (Polen, Ungarn, Rumänien, Bulgarien, die Tschechoslowakei und ab 1949 die DDR) zugesprochen wurden.

Der zweite Faktor, der den Machthabern in Moskau in die Hände spielte und ihre Verhandlungsposition ebenfalls entscheidend verbesserte, war der Aufschwung, den die ihnen ergebenen kommunistischen Parteien in den letzten Kriegsjahren in einigen west- und südeuropäischen Ländern erlebten, insbesondere in Frankreich, Italien und Griechenland. Ein besonders hartes Auftreten der USA und Großbritannien gegen die UdSSR hätte diesen Parteien aller Wahrscheinlichkeit nach weiteren Zulauf beschert. Um das zu verhindern, hielten sich beide Länder den sowjetischen Forderungen in Jalta und Potsdam gegenüber zurück.

Der dritte Faktor sollte den weiteren Verlauf der Weltgeschichte ab 1945 entscheidend beeinflussen: Zwar hatten die USA den Krieg gegen Deutschland gewonnen, aber das Gesicht der US-Wirtschaft hatte sich in den Kriegsjahren grundlegend verändert. Die Rüstungsindustrie und die hinter ihr stehenden Geldgeber der Wall Street waren durch das globale Kampfgeschehen und die schier unbegrenzte Nachfrage nach Waffen zu einer gewaltigen Macht geworden, die sich an Gewinne in Milliardenhöhe gewöhnt hatte und nun nicht gewillt war, freiwillig auf weitere Profite zu verzichten.

Wie aber konnte die US-Kriegsmaschinerie in die Lage versetzt werden, auch nach der Beendigung des Krieges auf vollen Touren weiterzulaufen? Was war zu tun, nachdem die Achsenmächte Deutschland, Italien und Japan besiegt waren und der bisher als Vorwand für die Aufrüstung benutzte Kampf »Demokratie gegen Tyrannei« der Geschichte angehörte?

Es dauerte nicht lange, bis die US-Regierung eine Antwort auf die Frage fand: Die UdSSR, eben noch Verbündeter, erfüllte alle Anforderungen, die an ein neues Feindbild gestellt wurden. Zuerst und vor allem war sie ein Dorn im Auge der Wall Street, weil sie ausländischem Kapital wegen ihrer Planwirtschaft und ihres Außenhandelsmonopols noch immer weitgehend verschlossen war. Außerdem stand sie unter der Herrschaft einer gesichtslosen Bürokratie, die keine Wahlen zuließ, und wurde von einem auch im eigenen Land verhassten Despoten regiert. Dieser hatte vor allem durch den Abschluss des Hitler-Stalin-Pakts seine politische Unberechenbarkeit unter Beweis gestellt. All das lieferte gute Argumente, die es der Politik und auch den US-Medien leicht machen würden, die UdSSR in den Augen der Menschen im Westen zu verteufeln.

Aus diesen drei Gründen kam es nach der Kapitulation Japans und dem Ende des Krieges im Fernen Osten zu einer radikalen Änderung der US-Politik: Während man sich auf den Konferenzen von Teheran, Jalta und Potsdam noch weitgehend entgegenkommend gezeigt hatte, nahm man die UdSSR und den von ihrer Führung propagierten Kommunismus nun ins Fadenkreuz und erklärte ihn zu einer existenziellen Bedrohung der »freien Welt«.

Die UdSSR wiederum leistete ihren Gegnern auch noch unfreiwillige Schützenhilfe, indem sie sich nicht an die Abmachungen der Konferenzen von Jalta und Potsdam hielt. Statt in den ihr zugesprochenen Ländern wie vereinbart Wahlen abzuhalten, sorgte sie dafür, dass dort ebenfalls eine Einparteienherrschaft nach sowjetischem Muster errichtet und willfährige Gefolgsleute aus Schwesterparteien der KPdSU an die Macht gebracht wurden. Außerdem ließ sie in diesen Ländern die Planwirtschaft einführen, schottete sie weitgehend von den Kapital- und Warenströmen des Westens ab und demontierte große Teile ihrer Industrieanlagen, um sie in der UdSSR wieder aufstellen zu lassen.

All das bot der Propaganda-Maschine der USA ein gefundenes Fressen für ihre globale anti-kommunistische Kampagne. Doch der Kampf sollte schon bald nicht nur auf ideologischer Ebene geführt werden. 1946 verschärfte sich der Bürgerkrieg in Griechenland; Kommunisten und linksgerichtete Kräfte erzielten Gebietsgewinne und drohten, das Land in ihre Gewalt zu bringen. US-Präsident Harry Truman nahm den Konflikt zum Anlass, um im März 1947 die »**Truman-Doktrin**« zu verkünden. »In meinen Augen muss die Politik der USA darauf abzielen, freie Völker zu unterstützen, die sich dem Versuch der Unterjochung durch bewaffnete Minderheiten oder durch Druck von außen widersetzen«, sagte er in einer Rede vor dem US-Kongress.

Was Truman damit meinte, sollte sich schon bald zeigen: Die USA begannen umgehend, die Monarchisten in Griechenland durch Finanz- und Rüstungshilfen zu unterstützen und entsandten Militärberater, die einen griechisch-amerikanischen Generalstab bildeten und die griechische Armee reorganisierten. Mit dieser Politik des »**Containment**« (»Eindämmung«) nahm der »**Kalte Krieg**« (so wurde die Auseinandersetzung zwischen den USA und der UdSSR bis in die siebziger Jahre genannt) seinen Lauf.

14. DIE RÜSTUNGSINDUSTRIE WILL KRIEG – UND BEKOMMT DEN »KALTEN KRIEG«

Im Jahr 1948 begannen die USA mit dem ***European Recovery Program*** (ERP, zu deutsch: Europäisches Wiederaufbauprogramm), das auch als »**Marshallplan**« bekannt geworden ist. Es dürfte im 20. Jahrhundert nur wenige politische Programme gegeben haben, deren offizielle Darstellung von der Wirklichkeit so stark abweicht und die in den Köpfen der Menschen so falsche Vorstellungen hinterlassen haben wie der Marshallplan.

Meistens wird der Plan – ähnlich den siebzig Jahre später im Rahmen der Eurokrise u. a. an Griechenland vergebenen EU- und IWF-Geldern – als »Hilfsprogramm« dargestellt, mit dem die siegreichen USA den nach dem Zweiten Weltkrieg am Boden liegenden europäischen Ländern wieder auf die Beine geholfen haben. Ein Blick auf die historischen Fakten lässt dieses Bild vom globalen Wohltäter, der in Zeiten der Not selbstlos hilft, allerdings schnell zerplatzen.

Die USA plagten zur Zeit der Diskussion um den Marshallplan zwei große Probleme: Zum einen litt die US-Rüstungsindustrie, die wegen der gewaltigen Nachfrage nach Rüstungsgütern im Zweiten Weltkrieg erheblich dazu beigetragen hatte, die Große Depression zu überwinden, nach Kriegsende unter einem scharfen Auftragsrückgang. Zum anderen verfügten die meisten europäischen Länder (der bis dahin für den US-Export größte Absatzmarkt) auf Grund ihrer hohen Kriegsausgaben kaum noch über US-Dollar, um amerikanische Waren zu kaufen. Die Folge war, dass es in den Jahren 1946 und 1947 in den USA zu einer Rezession[59] kam.

Um ihr entgegenzuwirken, setzte die Regierung in Washington mit dem Marshallplan – ähnlich wie im Fall der Reparationszahlungen nach dem Ersten Weltkrieg – folgenden Kreislauf in Gang: Sie vergab Gelder an insgesamt sechzehn europäische Länder und machte es den Empfängern dabei zur Auflage, diese fast ausschließlich zum Kauf amerikanischer Waren einzusetzen. Der Marshallplan war also einerseits ein Konjunkturpaket für die US-Wirtschaft, andererseits diente er der US-Wirtschaft dazu, beim Wiederaufbau der Zielländer in deren Wirtschaften Fuß zu fassen und die eigenen Interessen langfristig zu verankern.

Der Plan sah zudem vor, dass die Empfängerländer einen Betrag in der Höhe des empfangenen Geldes aus ihrem eigenen Haushalt nur nach Absprache mit den US-Vertretern ausgeben durften. Auf diese Weise erlaubten sich die USA einen zusätzlichen Eingriff in die Souveränität der Empfängerstaaten, der vor allem deren ärmerer Bevölkerung schadete, weil auf diese Weise weniger Gelder in Sozialprogramme und stattdessen mehr Geld in die Wirtschaftsförderung floss.

Hartnäckige Verteidiger des Marshallplans werden an dieser Stelle einwenden, dass zumindest ein Teil der Hilfsleistungen aus Nahrungsmitteln und Hilfsgütern bestand und man deshalb auch seine humanitären Aspekte würdigen müsse. Auch dieses Argument hält einer genauen Prüfung nicht stand. Die Hilfslieferungen wurden nämlich wie fast alle Gelder des Plans (ausgenommen die Zahlungen an Deutschland, die als Kredite geleistet wurden) nicht etwa von seinen Profiteuren, also den US-Banken und Konzernen bezahlt, sondern mit Steuergeldern finanziert.

Im Grunde genommen diente der Plan dazu, das hart verdiente Geld der arbeitenden amerikanischen Bevölkerung nach Westeuropa zu schicken, damit es von dort aus zurück über den Atlantik in die Tresore großer amerikanischer Konzerne und Banken wandern konnte. Das heißt: Der Marshallplan war das genaue Gegenteil eines Hilfsprogramms, nämlich die größte Vermögensumverteilung von Steuerzahlern zu Großkonzernen und Banken, die die USA bis dahin erlebt hatten.

Der Plan hatte aber auch noch eine zusätzliche dunkle Seite, über die bis heute nur wenig bekannt ist. Wie George Kennan, einer der Begründer der Containment-Politik einmal gesagt hat, war der Marshallplan zusammen mit der Truman-Doktrin und den verdeckten Operationen der 1947 gegründeten CIA Teil eines größeren Ganzen, das dazu diente, die Sowjetunion in ihre Schranken zu weisen.

So wurden fünf Prozent der im Rahmen des Marshallplans vergebenen Gelder zu politischen Zwecken eingesetzt. Im Ostblock wurden gegen die Regimes gerichtete Untergrundorganisationen finanziert, während in Frankreich die Sozialistische Partei im Kampf gegen die Kommunistische Partei Frankreichs (KPF) unterstützt und korsische Banden mit Geld und Material ausgerüstet wurden, damit sie von Kommunisten angezettelte Streiks zerschlugen oder deren Büros zerstörten. 1948 wurden Marshallplangelder in Italien eingesetzt, um dafür zu sorgen, dass nicht die Kommunisten, sondern die den USA wohlgesonnenen Christdemokraten die Wahl gewinnen würden. Der Plan wurde von den USA also auch genutzt, um politisch unliebsame Gegner zu schwächen, eigene Favoriten zu fördern und an die Macht zu bringen und so neben dem wirtschaftlichen auch den eigenen politischen Einfluss in Europa zu stärken.

1949 verschärfte sich die Konfrontation zwischen den beiden Blöcken und schürte die international zunehmende Angst vor einem Dritten Weltkrieg. Im April schlossen sich die USA und ihre westlichen Verbündeten zum Militärbündnis NATO (*North Atlantic Treaty Organization*, zu deutsch: Nordatlantikpakt) zusammen, was von der UdSSR umgehend als Provokation gewertet wurde, die man nicht widerspruchslos hinnehmen würde. Im Sommer übernahmen Mao Zedongs Truppen das chinesische Festland, entzogen dem internationalen Kapital langfristig einen weiteren Markt und stärkten dadurch die internationale Position der UdSSR.[60] Im August 1949 überraschte die UdSSR die Welt und zündete ihre erste Atombombe, im Oktober desselben Jahres ließ sie in Deutschland in der **Sowjetisch besetzten Zone**[61] (SBZ) mit der **Deut-**

schen Demokratischen Republik (DDR) einen weiteren Satellitenstaat ausrufen.

Ihren Höhepunkt erreichte die Zuspitzung des Konfliktes im folgenden Sommer auf der koeranischen Halbinsel. Dort brachen zwischen dem zum Einflussbereich der UdSSR gehörenden Nordkorea und dem von den USA beherrschten Südkorea Grenzkämpfe aus, die sich schnell zu einem Krieg ausweiteten, der insgesamt drei Jahre dauern, fast vier Millionen Menschen das Leben kosten und als erster Stellvertreterkrieg zwischen den neuen Supermächten USA und UdSSR in die Geschichte eingehen sollte.

Dieser durch mutwillige Eskalation herbeigeführte Krieg wurde zum Meilenstein für die US-Rüstungsindustrie. Er leitete die Umorientierung der USA von der Politik des Containment zu der des »Roll Back« (zu deutsch: rückgängig machen) ein. Der kommunistische Einflussbereich sollte von nun an nicht mehr nur eingedämmt, sondern unter dem Vorwand, dass »Befriedung nur zu weiterer Aggression und schlussendlich zum Krieg führt«,[62] aktiv bekämpft werden.

Diese erheblich aggressivere Herangehensweise bedeutete grünes Licht für die US-Rüstungsindustrie, denn sie legte den Grundstein für das Wettrüsten der kommenden Jahre, das häufig beschönigend als »Wettkampf der Systeme« beschrieben wird. Ein solcher fairer Wettstreit um eine bessere Staats- oder Regierungsform hat nie statt gefunden, stattdessen standen die kommenden Jahrzehnte ganz im Zeichen des Aufstiegs einer weit über die USA hinausgehenden internationalen Industrie des Todes und der Vernichtung.

Es zählt zu den größten Ironien der Geschichte, dass ausgerechnet einer der Verfechter dieser Politik, der 1953 zum Präsidenten der USA gewählte Ex-General Eisenhower, ihr kurz nach seinem Amtsantritt dieses vernichtende Urteil ausstellte: »Jede Kanone, die gebaut wird, jedes Kriegsschiff, das vom Stapel gelassen wird, jede abgefeuerte Rakete bedeutet letztlich einen Diebstahl an denen, die hungern und nichts zu essen bekommen, an denen, die frieren und keine Kleidung haben. Eine

Welt unter Waffen verpulvert nicht nur Geld. Sie verpulvert auch den Schweiß ihrer Arbeiter, den Geist ihrer Wissenschaftler und die Hoffnung ihrer Kinder.«[63]

Treffender konnte man die verheerenden Folgen des Rüstungswettlaufes nicht charakterisieren. Doch wieso war die Welt nach fast achtzig Millionen Toten in zwei Weltkriegen in eine solch verheerende Lage geraten? Wie hatte es die Allianz aus Rüstungs- und Finanzindustrie zusammen mit der Politik geschafft, die Menschheit nach den größten Massakern der Weltgeschichte in eine Situation zu manövrieren, in der immer mehr und immer gefährlichere Waffen produziert wurden? Und wieso standen die arbeitenden Menschen in aller Welt nicht millionenfach auf und weigerten sich, den offensichtlichen Irrsinn des Rüstungswettlaufes mitzumachen?

Es gab dafür zwei Gründe. Zum einen merkte die überwiegende Mehrheit der Menschheit damals nicht, dass sie in eine ideologische Falle tappte, und dass diese ihr nicht nur von der eigenen Regierung, sondern auch von deren angeblichem Todfeind gestellt wurde – und zwar in trauter Einigkeit. Sowohl die USA, deren Regierung die Sowjetunion als gottlose kommunistische Diktatur anprangerte, als auch die Sowjetunion, deren Funktionäre die USA als imperialistische Diktatur des Großkapitals verdammten, ließen die Menschen in aller Welt glauben, dass es hier um die Wahl zwischen zwei Systemen gehe, zu denen es keine Alternative gebe und zwischen denen man sich zu entscheiden habe.

Tatsächlich nützte diese verengende Sichtweise in erster Linie – ihnen selbst. Sie konnten von nun an alle für ihre Untertanen unangenehmen politischen und wirtschaftlichen Entscheidungen mit der Bedrohung von außen begründen und sie dazu missbrauchen, ihre eigene Macht zu festigen. Verlierer war – sowohl im Westen, als auch im Osten – die arbeitende Bevölkerung, die hilflos zusehen musste, wie die Finanzelite im Westen und die parasitäre Funktionärsbürokratie im Osten die entstandene Situation ausnutzten, um die eigenen Rechte auszuweiten und den eigenen Wohlstand zu mehren.

Viele Menschen durchschauten das Spiel, das mit ihnen getrieben wurde, auch deshalb nicht, weil sie nach den Schrecken des Krieges und den Entbehrungen der Nachkriegsjahre zu müde und zu erschöpft waren, um sich mit Politik zu beschäftigen. Als sich ihre Situation zu Beginn der fünfziger Jahre auch noch schlagartig besserte und ein kräftiger Wirtschaftsaufschwung in Europa und den USA ihren Lebensstandard in die Höhe schnellen ließ, waren sie nur allzu bereit, sich von der offiziellen Propaganda einschläfern zu lassen. In dem Glauben, dass ein neues, besseres Zeitalter angebrochen sei, machte sich kaum jemand die Mühe, den Wirtschaftsaufschwung, der in Deutschland sogar als »Wirtschaftswunder« bezeichnet wurde, zu hinterfragen.

Hätte man das getan, wäre man allerdings darauf gestoßen, dass – von der internationalen Öffentlichkeit weitgehend unbemerkt – eine neue Finanzordnung geschaffen worden war. Diese führte zwar zu einem – zunächst durch die Zerstörung des Krieges und den Wiederaufbau angetriebenen – Boom, trug den Keim für den eigenen Untergang aber bereits in sich. Vor allem aber hätte man erfahren, dass diese neue Ordnung allen Prinzipien von Demokratie und Gleichberechtigung widersprach und den größten Teil der Menschheit einer nie dagewesenen Finanzdiktatur durch eine einzige Währung unterwarf – der Diktatur des von nun an allmächtigen US-Dollars.

15. DIE NEUE FINANZORDNUNG: DER US-DOLLAR EROBERT DIE WELT

Die Grundlagen der neuen globalen Finanzordnung waren bereits im Sommer 1944 auf der Konferenz von Bretton Woods gelegt worden. Deren Beschlüsse muss man aus heutiger Sicht zu den wichtigsten Weichenstellungen des 20. Jahrhunderts rechnen, denn sie haben den USA neben der wirtschaftlichen und der militärischen auch die finanzielle Vorherrschaft über die Welt gesichert und ihnen somit endgültig zum Sonderstatus der ersten globalen Supermacht verholfen.

Besonders bezeichnend (und entlarvend dazu) ist die weitgehend unbekannte Tatsache, dass die Idee für eine weltweite Leitwährung gar nicht aus den USA stammte, sondern auf die Zukunftsvisionen eines glühenden Nationalsozialisten zurückging: Walther Funk. Funk, der in den Nürnberger Prozessen wegen Verbrechen gegen die Menschlichkeit zu lebenslanger Haft verurteilt wurde, war unter Hitler Reichswirtschaftsminister und *Reichsbank*-Präsident gewesen. Im Juli 1940 hatte er einen Plan für eine »Neue Finanzordnung« vorgelegt, der u. a. ausgeglichene Handelsbilanzen, feste Wechselkurse und eine zentrale globale Clearingstelle vorgeschlagen hatte – alles natürlich dominiert von der Reichsmark.

Funks Vorschlag hatte bei John Maynard Keynes so große Begeisterung ausgelöst, dass der Brite umgehend vorschlug, man solle in dem Plan das Wort »Deutschland« einfach durch das Wort »Großbritannien« ersetzen. Es war Keynes' Pech, dass das wirtschaftliche Schicksal Großbritanniens zu diesem Zeitpunkt bereits historisch besiegelt war, aber die Reaktion des damals einflussreichsten Ökonomen zeigt, worum es in Wirklichkeit bei der Konzeption eines globalen Finanzsystems ging – pure Macht.

Diese Macht lag nun in den Händen der USA, deren Wirtschaft allerdings nach dem Ende des Krieges mit einem Problem zu kämpfen hatte – ihrer Überproduktion. Die US-Industrie produzierte seit Kriegsende mehr, als der heimische Markt aufnehmen konnte. Was also gebraucht wurde, waren Absatzmärkte. Um diese zu erobern, mussten allerdings erst einmal alle Hindernisse beseitigt werden, die sich amerikanischen Waren auf dem Weg zu ihren potenziellen neuen Kunden rund um den Globus in den Weg stellten.

Kein Wunder also, dass es nach Bretton Woods zu einem radikalen Wechsel des finanzwirtschaftlichen Glaubensbekenntnisses von US-Wirtschaft und US-Politik kam. Hatten sie sich – vor allem in den dreißiger Jahren – mit einer Vielzahl protektionistischer[64] Maßnahmen vor ihrer internationalen Konkurrenz geschützt und diese Politik vehement verteidigt, so verwandelten sie sich nun über Nacht in glühende Verfechter des globalen Freihandels.

Der Grund für ihren Sinneswandel lag auf der Hand: Um US-Waren bis in den letzten Winkel der Erde vordringen zu lassen und um der US-Wirtschaft günstigen Zugang zu den Rohstoffen ehemaliger Kolonien zu verschaffen, mussten weltweit Zölle und Importquoten beseitigt und Devisenkontrollen abgeschafft werden. Zu diesem Zweck wurde 1947 das **General Agreement on Trade and Tariffs** (GATT, zu deutsch: Allgemeines Zoll- und Handelsabkommen) abgeschlossen, in dem der schrittweise Abbau von Zöllen und anderen Handelshemmnissen vereinbart wurde.

Um das neue auf Freihandel aufgebaute globale Finanzsystem aber nicht nur einzurichten, sondern auch langfristig zu stabilisieren, hatten die USA auf der Konferenz von Bretton Woods bereits die Gründung mehrerer Organisationen angekündigt. So wurde 1945 die ***International Bank for Reconstruction and Development*** (IBRD, zu deutsch: Internationale Bank für Wiederaufbau und Entwicklung) ins

Leben gerufen, die später mit vier anderen Organisationen zusammengelegt wurde und den Namen **Weltbank** erhielt.

Auch ihr Konzept war direkt auf die Bedürfnisse der US-Wirtschaft zugeschnitten: Zunächst wurde der Wiederaufbau in Europa benutzt, um Kredite für Bauprojekte zu vergeben und diese an die Bedingung zu knüpfen, US-amerikanische Firmen bei der Auftragserteilung zu bevorzugen. Später flossen immer mehr Gelder in Entwicklungsländer, wo sie für den Bau öffentlicher Gebäude oder für Infrastruktur-Projekte eingesetzt wurden. Auch hier gingen die Aufträge fast ausschließlich an amerikanische Firmen oder ihre im Land ansässigen Tochterunternehmen.

Das Prinzip glich von Anbeginn an dem der Reparationszahlungen, des »Lend-Lease« und des Marshallplans: Das Geld ging in Form von Krediten an die nationalen Regierungen, die anschließend Aufträge an US-amerikanische Firmen vergaben, so dass das Geld am Ende wieder in den Händen der US-Wirtschaft landete. Um die Rückzahlung der Kredite und die Bedienung der Zinsen allerdings mussten sich beide nicht kümmern: Sie wurde in allen Fällen dem Steuerzahler des betroffenen Landes – also dessen arbeitender Bevölkerung – überlassen.

Nachdem diese Politik nicht nur in den betroffenen Ländern, sondern auch in den Industrienationen auf immer heftigere Kritik stieß, versprach die Weltbank, ihren Kurs zu ändern und sich fortan der »Bekämpfung der Armut« zu widmen. In der Praxis jedoch änderte sich – nichts. Vor allem ihre wichtigste Unterorganisation, die *International Finance Corporation* (IFC), arbeitete weiterhin mit korrupten nationalen Regierungen zusammen und missachtete in zahllosen Fällen die Rechte der einfachen Bevölkerung. Während erhebliche Summen der zur Verfügung gestellten Gelder in dunklen Kanälen verschwanden, wurden zur Durchführung von Bauprojekten mehrere Millionen Menschen in Entwicklungsländern »umgesiedelt«, d. h. vertrieben und heimatlos gemacht, und bei diversen Großprojekten schwere Umweltschäden angerichtet.

Befürworter der Weltbank-Politik führen als Gegenargument gern die Fälle an, in denen die Weltbank zinsfreie Darlehen vergeben oder gar auf die Rückzahlung von Krediten verzichtet hat. Betrachtet man diese Fälle aber genauer, so wird man feststellen, dass hinter diesen Entscheidungen in keinem Fall humanitäre Beweggründe, sondern immer geostrategische Interessen der USA wie die Zurückdrängung des sowjetischen oder später auch des chinesischen Einflusses in den Entwicklungsländern standen.

Wichtiger noch als die Gründung der Weltbank war die des **Internationalen Währungsfonds** (IWF) im Dezember 1945. Er wurde offiziell beauftragt, die Ausweitung des Welthandels zu erleichtern, die Stabilität der Wechselkurse zu fördern und in Zahlungsschwierigkeiten geratene Mitglieder durch Kreditvergabe zu unterstützen. Auch hier entpuppte sich das, was auf den ersten Blick wie das Programm einer Hilfsorganisation aussah, bei näherem Hinsehen als ein finanzwirtschaftliches und politisches Instrument zur Förderung US-amerikanischer Interessen. Obwohl sein Gründungsdokument von insgesamt 29 Staaten unterschrieben worden war (zu denen in den kommenden Jahrzehnten mehr als 150 hinzukommen sollten), war der IWF keineswegs ein Zusammenschluss gleichberechtigter und ebenbürtiger Partner, sondern stand von Anfang an unter der Herrschaft der USA.

Deren Delegation hatte bereits bei seiner Konzeption dafür gesorgt, dass das Stimmrecht der Mitgliedsländer an die Höhe ihrer Einlage gekoppelt wurde. Da die USA selbst den mit Abstand höchsten Beitrag leisteten, sicherten sie sich auf diese Weise Sperrminorität und Vetorecht. Außerdem wurde der IWF nicht in New York, sondern in Washington angesiedelt, obwohl er zur Sonderorganisation der UNO (*United Nations Organization* = Vereinte Nationen) erklärt wurde. Um die amerikanische Dominanz zu verschleiern, wurde verfügt, dass auf dem Chefsessel des IWF nur Nicht-Amerikaner (bis heute ausschließlich Europäer) Platz nehmen durften.

Dass sich der IWF im Verlauf der folgenden Jahrzehnte zur bedeutendsten internationalen Finanzorganisation der Welt entwickelte, lag vor allem an seiner Funktion als »Kreditgeber letzter Instanz«. Wann immer irgendwo auf der Welt ein Land in Zahlungsschwierigkeiten geriet und kommerzielle Banken zögerten, ihm Kredite zu geben, war der IWF zur Stelle. Allerdings handelte er dabei nicht als Wohltäter, sondern im Stile eines Pfandleihers, der die Hilflosigkeit eines in Not Geratenen zum eigenen Vorteil ausnutzt.

So verlangte der IWF in vielen Fällen nicht nur überhöhte Zinsen, sondern knüpfte seine Kredite zur Sicherstellung ihrer Rückzahlung auch noch an harsche Bedingungen[65]. Diese bedeuteten oft einen tiefen Eingriff in die Souveränität (das Selbstbestimmungsrecht) der Empfängerländer, weil sie deren Regierungen zur Kürzung der Staatsausgaben nötigte. Das wiederum hatte vor allem für die sozial Schwächeren und die Armen des Landes verheerende Folgen, weil die Einsparungen fast ausschließlich zu ihren Lasten gingen.

Seinen ersten großen Aufschwung erlebte der IWF als Kreditgeber letzter Instanz in den sechziger Jahren, als in Afrika viele ehemalige Kolonien ihre Unabhängigkeit erklärten. Da die meisten von ihnen wirtschaftlich am Boden lagen und von Befreiungsbewegungen regiert wurden, die der Sowjetunion oder der VR China nahestanden, waren die kommerziellen Banken der westlichen Industrieländer in den meisten Fällen nicht bereit, ihnen größere Kredite zu gewähren.

Der IWF nutzte die Gunst der Stunde, vergab die Kredite und verstrickte die nationalen Regierungen so nach und nach in einem Netz der Verschuldung. Die so entstandene Abhängigkeit nutzte er anschließend aus, um einen Keil zwischen sie und die Sowjetunion zu treiben und die Länder für westliches Kapital und westliche Investitionen zu öffnen. In der Tat gelang es dem IWF – häufig zusammen mit den US-Geheimdiensten – zahlreiche zunächst sozialistisch orientierte Regimes zu destabilisieren, ihre Führungen entweder zu stürzen, auszutauschen oder gefügig zu machen.

Zu einer weiteren tragenden Säule des neuen Finanzsystems wurde eine Organisation bestimmt, die nicht erst gegründet werden musste, sondern bereits seit 1930 existierte: Die immer mächtiger gewordene Basler BIZ. Sie war eigentlich zur Abwicklung der deutschen Reparationszahlungen von US-Investmentbanken wie *J. P. Morgan* zusammen mit japanischen Privatbanken und den Zentralbanken Großbritanniens, Deutschlands, Frankreichs und Belgiens gegründet worden, hatte sich nach dem Wegfall der Reparationen aber mehr und mehr zu einer Schaltstelle für internationale Finanztransaktionen zwischen Regierungen entwickelt.

Obwohl viele Delegierte auf der Konferenz von Bretton Woods wegen der Nähe der BIZ zum NS-Regime und ihrer zu deren Gunsten begangenen Verbrechen ihre Auflösung verlangten, hielten die USA an ihr fest – und sorgten sogar dafür, dass die höchsten Repräsentanten des Nationalsozialismus in den Reihen der BIZ nach Kriegsende mit Samthandschuhen behandelt wurden.

So wurde beispielsweise der Ex-BIZ-Banker Emil Puhl, der während des Zweiten Weltkrieges Vizepräsident der *Deutschen Reichsbank* und Hitlers wichtigster Devisenbeschaffer gewesen war, in den Nürnberger Prozessen zu einer lächerlich geringen Strafe verurteilt und bereits vor deren Verbüßung auf freien Fuß gesetzt. Dasselbe trifft auf Karl Blessing zu, der bis Kriegsende NSDAP-Mitglied, Mitglied im Freundeskreis Reichsführer SS und von 1936 an als Beauftragter für den Vierjahresplan zur Aufrüstung der Wehrmacht tätig gewesen war. Kurt Freiherr von Schröder, direkter Finanzier Adolf Hitlers, erhielt wegen Verbrechen gegen die Menschlichkeit eine Freiheitsstrafe von drei Monaten und eine Geldstrafe von 1.500 Mark, Hjalmar Schacht, von 1933 bis 1939 *Reichsbank*-Präsident und von 1934 bis 1937 Reichswirtschaftsminister und damit wichtigster Finanzarchitekt der Kriegsmaschinerie des Dritten Reiches, wurde sogar freigesprochen.

Die Vorzugsbehandlung der BIZ-Banker sollte sogar noch weiter gehen: Ihnen allen wurde in der 1949 gegründeten Bundesrepublik erlaubt, in ihre Berufe zurückzukehren. Hjalmar Schacht gründete 1953 in Düsseldorf seine eigene Bank, Karl Blessing wurde 1958 von Bundeskanzler Adenauer sogar zum Präsidenten der Deutschen Bundesbank berufen.

Dass die USA die BIZ nie öffentlich für ihre Verbrechen kritisierten und ihr Führungspersonal derart wohlwollend behandelten, lag daran, dass sie die BIZ unbedingt weiter am Leben erhalten wollten, und zwar aus zwei Gründen: Zum einen hatte sie sich in den Jahren vor und während des Zweiten Weltkrieges als eine international operierende Institution bewährt, deren Personal seine Arbeit ohne jegliche politische oder juristische Kontrolle verrichten konnte. Zum anderen waren die Aktivitäten der BIZ nie von der Öffentlichkeit wahrgenommen worden. Hätte man in Europa eine Umfrage zu ihrer Bekanntheit durchgeführt, hätten vermutlich weit mehr als neunzig Prozent der Befragten nicht einmal ihren Namen gekannt.

Im Grunde war die BIZ der Traum aller Banker – eine Bank, die niemand wahrnahm, die außerhalb jeglicher Rechtsprechung stand[66], keine Steuern zahlte, sich weder gegenüber der Politik noch vor der Öffentlichkeit verantworten musste und einzig und allein nach den Prinzipien von Gewinn und Verlust handeln konnte. Vor allem aber passte sie nach der Einführung des US-Dollars als globale Leitwährung hervorragend in das Konzept der USA: Als Ergänzung zur national operierenden FED wurde sie zur Zentralbank aller Zentralbanken – und so im Grunde zum verlängerten Arm der mächtigsten Zentralbank der Welt: der FED.

16. DER US-DOLLAR VERLIERT SEINE GRUNDLAGE – UND WIRD TROTZDEM STÄRKER

Vom Ausbruch des Ersten bis zum Ende des Zweiten Weltkrieges befand sich die Weltwirtschaft mit kurzen Unterbrechungen über drei Jahrzehnte lang fast ausschließlich im Krisenmodus. Diese Entwicklung und die damit einhergehenden sozialen Verwerfungen veranlassten zahllose Experten, das nahende Ende des vor sich hinsiechenden Kapitalismus vorauszusagen. Doch spätestens Anfang der fünfziger Jahre erwiesen sich ihre Prognosen als falsch.

Mit dem Einsetzen des Nachkriegsbooms begann die längste Wachstumsperiode, die der Kapitalismus bis dahin erlebt hatte. Die sechzehn Empfängerländer des Marshallplans, die von 1900 bis 1913 um 2,9 % und von 1913 bis 1950 um 2,0 % gewachsen waren, erlebten im Zeitraum von 1950 bis 1973 ein Wachstum von 4,9 %. Parallel dazu erhöhte sich die Produktivität in denselben Ländern von 1,8 % über 1,9 % auf 4,5 %.

Millionen neuer Arbeitsplätze entstanden, Finanzkrisen schienen der Vergangenheit anzugehören. In Deutschland entstand ein so großer Bedarf an Arbeitskräften, dass ab 1955 die ersten Gastarbeiter ins Land geholt wurden. Ein kräftiger Anstieg der Löhne sorgte dafür, dass der Lebensstandard in die Höhe schnellte. Da die Steuereinnahmen der Staaten ebenfalls stiegen, nahm die Bereitschaft zur Ausweitung von Sozialleistungen zu – es entstanden das Konzept vom »Sozialstaat«, der seine Bürger schützt und ihnen in Notsituationen hilft, und die mit ihm einhergehende »soziale Marktwirtschaft«.

Sowohl in Europa als auch in den USA schienen für die Mehrheit der Bevölkerung goldene Zeiten anzubrechen. Das wirkte sich auch politisch aus: In Deutschland festigte sich die Herrschaft der CDU, die ihren Wirtschaftsminister Ludwig Erhard als »Vater des Wirtschaftswunders« feiern ließ. In Frankreich und Italien nahm der Einfluss der Kommunistischen Parteien ab, da ihrer Kritik am Kapitalismus und vielen ihrer Forderungen durch die Verbesserung der Lebensverhältnisse der Boden entzogen wurde.

Besonders negativ wirkte sich der Boom auf die 1949 gegründete Deutsche Demokratische Republik (DDR) aus, die nach der Demontage eines großen Teils ihrer Industrie durch die UdSSR wirtschaftlich nie richtig auf die Beine kam – mit der Folge, dass sich der Graben zwischen dem Lebensstandard der DDR und der BRD (Bundesrepublik Deutschland) vertiefte und bis 1961 mehr als zweieinhalb Millionen Menschen das Land verließen. Im Juli 1961 erreichte diese Fluchtwelle mit 30.000 zumeist jungen Menschen ihren Höhepunkt. Da allein im Ostteil Berlins 45.000 Arbeitskräfte fehlten und kein Ende der Massenflucht abzusehen war, drohte der DDR der wirtschaftliche Zusammenbruch. Aus diesem Grund begann die regierende Sozialistische Einheitspartei Deutschlands (SED) unter Walter Ulbricht am 13. August mit dem Mauerbau.

Die Grenzziehung spielte vor allem der international wieder erstarkenden Allianz aus Militär, Rüstungsunternehmen und Finanzindustrie in die Hand, vor der der scheidende US-Präsident Eisenhower erst im Januar desselben Jahres in seiner Abschiedsrede gewarnt hatte.[67] Dessen Vertreter hatten in Deutschland bereits 1955 mit der Gründung der Bundeswehr und der Aufnahme der Wiederbewaffnung einen entscheidenden Etappensieg errungen. Der Mauerbau gab ihnen weiteren Rückenwind: Ein Regime, dass seine eigenen Bürger beim Versuch, das Land zu verlassen, als »Republikflüchtlinge« erschießen ließ, war ein geradezu perfektes Feindbild – eine zu allem fähige Diktatur, gegen die man zum reinen Selbstschutz nach Kräften aufrüsten musste.

Ein Jahr nach dem Mauerbau kam es auch noch zu einem internationalen Konflikt, der denselben Kräften erneut in die Hände spielte. 1959 hatten Fidel Castro und seine Gefolgsleute den kubanischen Diktator Batista gestürzt, Banken, Raffinerien und Agrarland der USA entschädigungslos enteignet und Beziehungen zur UdSSR aufgenommen. Die USA hatten mit Geheimdienstoperationen versucht, das neue Regime zu stürzen, damit aber keinen Erfolg gehabt.

Während sich die Beziehungen zwischen Kuba und der UdSSR intensivierten (der damalige kubanische Zentralbankchef Che Guevara verhandelte mehrmals mit seinen sowjetischen Kollegen in Moskau), begannen die USA, die UdSSR in Europa systematisch zu provozieren. So stationierten sie in Italien und der Türkei Mittelstreckenraketen, deren nukleare Sprengköpfe direkt auf die UdSSR gerichtet waren, und ließen Atom-U-Boote in Reichweite der UdSSR durch internationale Gewässer kreuzen.

Die Sowjetunion reagierte auf die Provokation, indem sie Truppen und ebenfalls atombestückte Raketen auf Kuba stationierte. Im Oktober 1962 eskalierte der Konflikt. Als die UdSSR eine Seeblockade der USA mit Lufttransporten beantwortete, Hardliner in den USA einen atomaren Erstschlag auf die UdSSR forderten und Fidel Castro für den Fall einer Invasion der Amerikaner von einem atomaren Erstschlag auf die USA sprach, schien die Welt am Rande eines Atomkrieges.

Kurz darauf entschärften Washington und Moskau den Konflikt jedoch. Die UdSSR entfernte die Raketen auf Kuba, die USA bauten ihre Raketenbasen in der Türkei ab. Nutznießer der Auseinandersetzung waren sowohl die US-Regierung, als auch die sowjetische Regierung, die beide für sich in Anspruch nahmen, als Sieger aus dem Konflikt hervorgegangen zu sein. Größter Gewinner aber war einmal mehr die Waffenindustrie: Sie sah sich in ihren Strategien der »Abschreckung« und der »massiven Vergeltung« bestätigt und schaffte das schier Unmögliche: Sie entfesselte in den folgenden Jahren – in Friedenszeiten – das größte Wettrüsten, das die Welt bis dahin gesehen hatte.

Die Bevölkerung sowohl in Europa, als auch in den USA nahm die Ereignisse widerspruchslos hin. Zwar ging im Oktober 1962 auf dem Höhepunkt der Krise für ein paar Tage die Angst um, doch kehrte schnell wieder der Alltag ein. Das lag vor allem an den anhaltenden Auswirkungen des Nachkriegsbooms und dem immer höheren Lebensstandard, der die Menschen bequem machte.

Als die USA zwei Jahre später in den Vietnamkrieg eintraten, der erneut riesige Verdienstmöglichkeiten für die Rüstungsindustrie schuf, formierte sich zwar internationaler Protest, der in den folgenden Jahren erheblich zunahm, doch am Boom änderte sich zunächst nach außen hin – nichts. Warf man allerdings einen Blick hinter die Fassade, dann sah die Sache anders aus.

Bereits 1959 hatte Robert Triffin, ein belgisch-amerikanischer Ökonom, die Öffentlichkeit auf einen Konstruktionsfehler des Bretton-Woods-Systems hingewiesen. Da alle Währungen an den Dollar gekoppelt waren, mussten die Zentralbanken bei einer Erhöhung der Geldmengen auch höhere Dollarreserven zur Deckung anlegen. Weil aber nicht im selben Maß Gold geschaffen werden konnte, würde es laut Triffin zu einem immer größeren Missverhältnis zwischen Dollar und Gold und schließlich zum Zusammenbruch des Systems kommen.[68]

Triffin behielt recht. Zwischen 1950 und 1955 waren die US-Goldreserven nur von 23 auf 22 Milliarden Dollar und zwischen 1955 von 22 auf 18 Milliarden Dollar zurückgegangen. In den sechziger Jahren aber zog das Tempo, in dem das Gold die USA verließ, rasant an. Nachdem Frankreich – den USA unter Präsident de Gaulle nicht gerade freundlich gesonnen – zwischen 1965 und 1966 seine Goldreserven zurückgefordert hatte, fiel der Bestand in Fort Knox 1968 auf etwa 10 Milliarden Dollar.

Immer mehr Investoren horchten auf und verlangten ihr Gold ebenfalls zurück, bis die Lage für die USA kritisch wurde. Aus diesem Grund zog US-Präsident Richard Nixon am 15. August 1971 die Notbremse, ließ die damals beliebteste Fernsehserie »Bonanza« zur besten Sendezeit unterbrechen und verkündete das Ende der Gold-Dollar-Bindung.

Wohl nur sehr wenige Zuschauer dürften die historische Bedeutung von Nixons Botschaft, die er in blumigen Versprechungen wie »Wir werden mehr Arbeitsplätze für Amerikaner schaffen« und »Unsere besten Tage liegen vor uns« verpackte, erkannt haben. Die Abkoppelung des US-Dollars vom Gold bedeutete nämlich nicht mehr und nicht weniger, als dass der globalen Leitwährung von einem Tag auf den anderen der Boden unter den Füßen entzogen wurde. Im Grunde bestand der Wert eines Dollars ab sofort nur noch aus dem Papier, auf dem er gedruckt war. Dass man trotzdem noch etwas für ihn kaufen konnte, lag daran, dass er die Währung einer Supermacht war, die niemand infrage zu stellen wagte.

Das heißt: Seit dem 15. August 1971 stützte sich der US-Dollar nicht mehr auf einen realen Wert, sondern nur noch auf das Vertrauen in die Übermacht der USA. Dass der Dollar die Entkoppelung vom Gold überlebte, war einzig und allein ihrer wirtschaftlichen und militärischen Stärke zu verdanken. Doch auch sie konnten nicht verhindern, dass der Dollar gegenüber dem Gold rapide an Wert und damit auch an Kaufkraft verlor.

Wie aber kam es, dass der US-Dollar bis zum Ende des Jahrtausends trotz schwindender Kaufkraft noch an Bedeutung gewann? Dass sich das auf ihm aufbauende Finanzsystem sogar explosionsartig ausweitete und er unangefochten an seiner Spitze blieb?

Den Schlüssel zur Beantwortung dieser Frage liefern die dramatischen Ereignisse, die in den Folgejahren den Nahen Osten erschütterten. 1973 versuchte eine Koalition aus arabischen Staaten unter der Führung von Ägypten und Syrien Gebiete zurückzuerobern, die im Sechs-Tage-Krieg von 1967 an Israel verloren worden waren. Es kam zum Jom-Kippur-Krieg, der mit einer vernichtenden Niederlage der arabischen Staaten endete.

Als Vergeltung für die Unterstützung Israels durch den Westen reagierten sie mit einer Drosselung der Ölfördermengen und drastischen Preiserhöhungen[69]. Dieser »**Ölpreisschock**« führte in den Industrienationen zu schweren Rezessionen und einem kräftigen Anstieg von Kurzarbeit, Arbeitslosigkeit und Firmenpleiten. Vor allem aber machte er klar, welche Bedeutung Öl als meistgehandelte Ware der Welt für die internationale Wirtschaft hatte.

Diese Erkenntnis brachte US-Präsident Nixon und seinen Außenminister Kissinger auf eine Idee, die sich im Nachhinein als einer der genialsten Schachzüge des 20. Jahrhunderts erweisen sollte. Sie nahmen nämlich Verhandlungen mit Saudi-Arabien auf, dem damals größten Ölproduzenten im Nahen Osten, und trafen mit dem herrschenden Haus von Saud ein weitgehend geheimes Abkommen. Darin verpflichtete sich die saudische Regierung dazu, innerhalb der OPEC dafür zu sorgen, Öl ab sofort ausschließlich in US-Dollar zu handeln und die eigenen durch Ölverkäufe erzielten Überschüsse in US-amerikanische Staatsanleihen zu investieren. Die USA ihrerseits erklärten sich bereit, ihr Öl in Zukunft hauptsächlich aus Saudi-Arabien zu beziehen, das Land vor seinen Feinden – insbesondere Israel, Syrien und dem Iran – zu schützen und es zu diesem Zweck auf unbestimmte Zeit und in unbegrenztem Umfang mit modernster Waffentechnik auszurüsten.

Der Deal war in mehrfacher Hinsicht ein Geniestreich: Der vom Gold entkoppelte Dollar wurde als »Petrodollar« wieder an einen festen Wert – das Erdöl – gebunden, die amerikanischen Staatsfinanzen wurden durch die in den folgenden Jahren rasant ansteigenden Anleihenkäufe[70] Saudi-Arabiens erheblich aufgebessert und die US-Waffenindustrie erhielt einen neuen Großkunden, der die ihr entstehenden Ausfälle nach dem Ende des Vietnamkrieges im April 1975 zumindest teilweise ausgleichen konnte.

Der wichtigste Effekt aber war, dass der US-Dollar von nun an eine noch stärkere globale Führungsrolle spielte als zuvor. Zum einen mussten alle Staaten, die Öl erwerben wollten, zunächst gebührenpflichtig

Dollar auf dem Devisenmarkt kaufen. Sie schufen damit einen künstlichen Markt, der den Dollar stützt. Außerdem mussten ihre Zentralbanken ständig Dollarreserven vorhalten. Diese Funktion der globalen Reservewährung verhalf dem ohnehin schon als Leitwährung führenden Dollar und der FED als einziger Organisation, die ihn schaffen durfte, zu noch mehr Macht.

Trotzdem hatte der Deal zwei entscheidende Makel: Zum einen begaben sich die USA in die Abhängigkeit einer der rückständigsten absoluten Monarchien der Erde, deren Lebensdauer sich nicht voraussagen ließ. Zum anderen hatte das Öl gegenüber dem Gold einen großen Nachteil: Während die weltweite Menge an Gold wegen der geringen Fördermengen jährlich nur minimal zunahm, also über Jahre hinweg fast konstant blieb, konnte Öl fast unbegrenzt gefördert werden. Sein Wert und sein Preis unterlagen im Gegensatz zum Gold also erheblichen Schwankungen, auf die die größten Ölproduzenten Einfluss nehmen konnten, nicht aber die FED. In anderen Worten: Der Petrodollar war aus amerikanischer Sicht langfristig auf (Wüsten-)Sand gebaut.

17. DER BOOM GEHT, DER NEOLIBERALISMUS KOMMT

Vier Monate nach der Abkoppelung des US-Dollars vom Gold legten die USA wegen anhaltender Turbulenzen auf den Finanzmärkten mit den größten Handelsnationen der Welt im »**Smithsonian Agreement**« neue Wechselkurse fest. Der japanische Yen und die Währungen der EWG-Länder[71] wurden um 7,5 % bis 16,9 % aufgewertet. Das aber reichte auf Dauer nicht aus, um die Lage zu beruhigen. Der freigegebene Goldkurs übte einen so starken Druck auf den Dollar aus, dass die US-Regierung ihn im Februar 1973 um weitere 10 % abwertete. Als Spekulanten daraufhin den Schweizer Franken und die D-Mark unter Druck setzten (indem sie große Mengen davon aufkauften und so auf deren erneute Aufwertung wetteten), entkoppelten die Schweiz, die Mitglieder der EWG und Japan ihre Währungen endgültig vom Dollar.

Damit gehörte aber nicht nur das System von Bretton Woods der Geschichte an: Im selben Jahr endete auch der Nachkriegsboom, der der globalen Wirtschaft ein Vierteljahrhundert lang Leben eingehaucht hatte. Ihm folgte ein gewaltiger Wirtschaftseinbruch. In den Jahren 1974–1975 kam es zur schwersten globalen Rezession seit der Großen Depression der dreißiger Jahre.

Die Gewinne der multinationalen Konzerne schrumpften so stark wie seit dem Zweiten Weltkrieg nicht. Um im internationalen Konkurrenzkampf bestehen zu können, mussten sie ihre bis dahin erfolgreiche Strategie ändern, immer neue Märkte mit immer neuen Produkten zu erobern. Aber wie? Angesichts der weitgehenden Sättigung der globalen Märkte und einer zu befürchtenden längeren Stagnation der Weltwirtschaft, blieben ihnen nur drei Möglichkeiten: Die Produktionskosten zu senken, die Produktivität zu steigern oder sich auf die Suche nach neuen Profitquellen zu begeben. Zu diesem Zweck wurden zunächst vor allem in der Textil- und der Elektronikindustrie neue Techniken in den Bereichen Herstellung und Informationstechnologie eingeführt, Produktionsprozesse in ihre einzelnen Bestandteile zerlegt und entweder automatisiert oder in Niedriglohnländer verlegt.

Das Ergebnis nannte sich »**Globalisierung**« und zeichnete sich durch zwei herausragende Merkmale aus: Zum einen durch die Internationalisierung des Produktionsprozesses, die dazu geführt hat, dass man nationale Wirtschaften heute nur noch verstehen kann, wenn man sie nicht als isolierte Einheiten, sondern als Zahnräder im wirtschaftlichen Weltgetriebe betrachtet. Zum anderen bedeutete die Globalisierung die massenweise Auslagerung von Arbeitsplätzen aus den Industrienationen nach Asien, Afrika oder Südamerika.

Da die Löhne an den neuen Produktionsstandorten im Vergleich zu denen im Inland extrem niedrig und Begriffe wie Arbeitsrecht, Sozialleistungen und Sicherheitsstandards oft unbekannt waren, verbuchten die Konzerne eine kräftige Senkung der Lohnstückkosten[72]. Aber auch im Inland wirkte sich die Globalisierung kostensenkend aus, denn Niedriglohnjobs im Ausland ließen sich hervorragend als Druckmittel gegen die heimischen Beschäftigten einsetzen: Wer z. B. in Westeuropa eine aus Unternehmenssicht zu hohe Lohnforderung stellte, der wurde häufig durch den Hinweis auf die Möglichkeit der Verlegung seines Arbeitsplatzes nach Osteuropa oder Asien ruhiggestellt.

Für die von ihrer Arbeit lebenden Menschen bedeutete die Globalisierung also nicht nur den Verlust zahlloser Arbeitsplätze, sondern auch den Beginn einer Phase der Stagnation und des Rückganges der Löhne. Die zum Teil zweistelligen Lohnerhöhungen während des Booms gehörten für immer der Vergangenheit an. Außer der Erhöhung der Produktivität und der Senkung der Lohnkosten entdeckte das Heer der Großinvestoren aber noch eine weitere Profitquelle, die es bis dahin kaum angezapft hatte – den Finanzsektor. Er bestand damals hauptsächlich aus Börsen und außerbörslichem Wertpapierhandel, war erheblich kleiner als die Realwirtschaft und dazu international stark reguliert.

Ursache dieser Regulierung war der New Yorker Börsencrash von 1929, bei dem Millionen von Menschen ihre Ersparnisse verloren hatten, und in dessen Folge die Banken in den USA und Europa auf Grund des Protestes der Bevölkerungen staatlicher Kontrolle und Aufsicht unterworfen worden waren. Diese Einschränkungen waren auch nach dem Zweiten Weltkrieg beibehalten worden. Das ökonomische Glaubensbekenntnis, das hinter dieser Regulierung stand, war das des Keynesianismus. Seine Anhänger gingen (und gehen) davon aus, dass der Staat als Regulativ über der Wirtschaft stehen und in Zeiten der Krise helfend eingreifen sollte.

Dieser Philosophie setzten die an der Finanzspekulation interessierten Kräfte nun ihr eigenes Glaubensbekenntnis entgegen – den **Neoliberalismus**. Er geht auf die »Österreichische Schule« und den Ökonomen Friedrich von Hayek zurück und wurde in seiner heutigen Form in den sechziger Jahren von Milton Friedman und seinen Anhängern an der Chicago School of Economics entwickelt. 1973 geriet er zum ersten Mal weltweit in die Schlagzeilen, als der chilenische Diktator Pinochet nach seinem Militärputsch die »Chicago Boys«, ein Team von Friedmans Ökonomen, in sein Land holte und sie beauftragte, die chilenische Wirtschaft »umzubauen«.

Die Folgen für Chiles arbeitende Bevölkerung waren fatal: Die Löhne fielen, die Arbeitslosigkeit stieg, Sozialleistungen wurden gekürzt und der Lebensstandard sank. Das aber störte das Heer internationaler Investoren nicht, denn sie hatten Blut geleckt. Die Freigabe des Goldpreises und der Wechselkurse und die damit verbundenen Spekulationsmöglichkeiten hatten dazu geführt, dass Währungsschwankungen und Goldhandel innerhalb kurzer Zeit zu einem lukrativen Betätigungsfeld für Spekulanten geworden waren.

Also begann die Finanzindustrie immer stärker auf die Eröffnung neuer Profitquellen im Finanzsektor zu pochen. Unter dem Motto der Zurückdrängung des Staates, der Entbürokratisierung und der Privatisierung forderte sie die Abschaffung der sie einengenden Gesetze. Dabei kam ihr die Verschlechterung der wirtschaftlichen Situation nach dem Ende des Booms entgegen. In Deutschland z. B. stieg die Arbeitslosigkeit zwischen 1970 und 1975 von 0,7 % auf 4,6 % an. Das Bruttosozialprodukt, das 1970 noch um 5,4 % gewachsen war, lag 1975 mit -1,1 % sogar im Minusbereich, die Inflation, die 1970 noch bei 3 % gelegen hatte, betrug 1974 7 %. Auch in anderen Ländern sah die Situation nicht besser aus.

Die Finanzindustrie nutzte den Druck, unter den die nationalen Regierungen gerieten und behauptete, dass zum Beispiel durch die Erleichterung von Börsengängen und durch die Freigabe der Spekulation ganz neue Verdienstmöglichkeiten geschaffen und die Wirtschaft in Schwung gebracht werden könnte. Dennoch reagierten die meisten Regierungen in den siebziger Jahren sehr zögerlich. Das lag vor allem am politischen Klima und der Stärke der Gewerkschaftsbewegung, sollte sich aber mit der (durch Gelder der Finanzindustrie unterstützten) Wahl Margaret Thatchers zur britischen Premierministerin 1979 und der Wahl Ronald Reagans zum US-Präsidenten 1981 ändern.

Beide Politiker schlugen einen rücksichtslosen Kurs zugunsten des großen Geldes ein. Reagan setzte im ersten Jahr seiner Präsidentschaft ein klares Zeichen, indem er die Unternehmenssteuern senkte und den Spitzensteuersatz für Großverdiener von 70 % auf 33 % herabsetzte. Thatcher übertrumpfte Reagan 1986 mit einer finanzpolitischen Revolution, die als »**Big Bang**« (»Urknall«) in die Geschichte eingegangen ist.

Die Trennung zwischen normalen und Investmentbanken wurde aufgehoben, aber nicht nur britische, sondern auch in Großbritannien aktive ausländische Banken durften von nun an wie in den zwanziger Jahren in den USA mit Kundengeldern spekulieren. Das führte zu einem wahren Run ausländischer (vor allem US-amerikanischer) Banken auf die Londoner City. Das Ergebnis waren immer riskantere Transaktionen, extrem hohe Gewinne – und immer höhere Bonuszahlungen für das Führungspersonal im Finanzgewerbe.

Anders sah es am anderen Ende der Gesellschaft aus. Sowohl Reagan, als auch Thatcher machten unmissverständlich klar, dass sie keinen Widerstand gegen ihre Politik duldeten: Reagan beendete im Sommer 1981 einen landesweiten Streik der Fluglotsen, indem er 11.000 am Streik Beteiligte entließ und mit lebenslangem Arbeitsverbot belegte. Margaret Thatcher beendete 1985 mit Gewalt den britischen Bergarbeiterstreik und nahm dabei tausende Verletzte und zehn Tote in Kauf.

Nach dem Auftakt in Chile enthüllte der Neoliberalismus auf diese Weise auch in den USA und in Europa immer deutlicher sein wahres Gesicht: Hinter den Behauptungen, man wolle einen »schlanken Staat«, weniger Regulierung und setze mehr auf private unternehmerische Initiative, steckte in Wirklichkeit der Versuch des großen Geldes, mit Unterstützung der Politik alle Hindernisse auf dem Weg zur Anhäufung noch größerer Vermögen durch die Finanzindustrie und die Großkonzerne aus dem Weg zu räumen.

18. »FINANZIELLE MASSENVERNICHTUNGSWAFFEN« ZEIGEN IHRE WIRKUNG

Die Finanzialisierung der Weltwirtschaft, die in den siebziger Jahren zunächst zögerlich begonnen hatte, nahm in den achtziger Jahren kräftig an Fahrt auf und verwandelte sich in den neunziger Jahren in eine Lawine, die nicht mehr zu beherrschen war. Ursache hierfür waren vor allem die Aktivitäten der Investmentbanken, die immer weniger reguliert wurden, und der Hedgefonds, die so gut wie keinen Einschränkungen unterlagen und deren Zahl in den neunziger Jahren auf etwa 3.000 anstieg (1968 waren es noch 215 gewesen).

In einem Umfeld, in dem weltweit sechs Millionen Menschen zu Millionären geworden waren, häuften diese Hedgefonds innerhalb kurzer Zeit extrem hohe Summen an, die sie durch »Hebelung« vervielfachten.[73] Für die so im Milliardenbereich liegenden Einsätze suchten sie nach immer neuen Gewinnquellen. Die Politik kam ihnen angesichts des globalisierungsbedingten Abbaus von Arbeitsplätzen mit dem Argument zu Hilfe, dass durch die Ausweitung des Finanzsektors ja neue Arbeitsplätze geschaffen würden.

Vor allem die **Derivate** rückten ins Zentrum der Finanzmarkt-Aktivitäten. Sie waren in einer Zeit, in der das Wirtschaftsgeschehen noch von der Realwirtschaft dominiert wurde und der Finanzsektor nur eine Hilfsfunktion einnahm, zur Absicherung von Risiken eingeführt worden. Diese Ära ging jedoch durch die weltweit um sich greifende Deregulierung unwiderruflich zu Ende. Die Finanzwirtschaft wuchs unaufhörlich und leitete die Phase des »Casino-Kapitalismus« ein, in der die

Derivate eine ganz neue, marktbeherrschende Rolle spielen sollten, und zwar als reine Wettinstrumente.

Die meistgehandelten unter den Derivaten waren Verbriefungen, Futures, Options und Swaps. Mit den **Verbriefungen** bündelten die großen Finanzinstitutionen die Schulden von Unternehmen, Kreditkartenbesitzern, Auto- und Hauskäufern und boten diese auf dem Markt an. Damit gingen sie nicht mehr nur selber Risiken ein, sondern handelten mit Risiken – mit dem Ergebnis, dass diese auf die gesamte Branche verteilt wurden und die Krisenanfälligkeit des Systems erhöhten.

Beim Erwerb von **Futures** verpflichtete sich der Käufer, zu einem festgelegten Zeitpunkt eine vereinbarte Menge eines Basiswerts[74] zu liefern oder zu kaufen. Mit den **Options** (zu denen die Calls und Puts gehören) erwarb der Käufer das Recht – jedoch nicht die Pflicht – zu einem festgelegten Zeitpunkt eine vereinbarte Menge eines Basiswertes zu kaufen. Bei den **Swaps** (englisch »swap« = tauschen) ging es um einen vertraglich vereinbarten Austausch zukünftiger Zahlungsströme. Wegen der ständigen Turbulenzen an den Börsen der Neunziger Jahre ließ sich mit allen drei Finanzinstrumenten hervorragend auf steigende oder fallende Preise, Kurse oder Zinssätze wetten.

Hier zum besseren Verständnis ein Beispiel: Zwei Parteien (z. B. Banken oder Hedgefonds), die weder Öl haben, noch Öl brauchen, schließen einen Futures-Kontrakt ab. Er sieht vor, dass einer von ihnen dem anderen zu einem bestimmten Zeitpunkt in der Zukunft eine festgelegte Menge Öl verkauft. Liegt der Ölpreis am vereinbarten Datum unter der vereinbarten Summe, gewinnt der Verkäufer, denn er kann die Ware billiger einkaufen als er sie dem Käufer verkauft. Liegt der Preis über der vereinbarten Summe, hat der Käufer Glück: Er kauft dem Verkäufer das Öl unter Marktwert ab und kann es anschließend zu einem höheren Preis weiter veräußern. Das Besondere an dem Deal ist, dass kein Tropfen Öl fließt, sondern – wie in einem Wettbüro – nur Geld seinen Besitzer wechselt.

Doch auch das konventionelle Wettgeschäft reichte den Marktteilnehmern im Rausch der neunziger Jahre nicht mehr aus. Unter dem Schlagwort der »Finanzmarkt-Innovation« wurden immer neue Derivate entwickelt und auf den Markt geworden. Bahnbrechend war die Erfindung der **Kreditausfallversicherung** (englisch »credit default swap« = CDS) durch ein Team der US-Großbank *J. P. Morgan* unter Leitung der jungen Wallstreet-Bankerin Blythe Masters.

Diese Kreditausfallversicherung liefert ein gutes Beispiel dafür, wie die Finanzindustrie vormals sinnvolle Produkte in finanzielle Zeitbomben verwandelte: Die Versicherung eines Kredits bedeutet für den Kreditgeber ja immer ein gewisses Risiko, da nicht auszuschließen ist, dass der Kreditnehmer das erhaltene Geld entweder zu spät oder gar nicht zurückzahlt. Wenn sich der Kreditgeber also durch den Abschluss einer Kreditversicherung gegen dieses Risiko absichert, ist das nicht nur für ihn beruhigend, sondern auch volkswirtschaftlich sinnvoll.

Blythe Masters' Kreditausfallversicherung konnte allerdings nicht nur von den beiden Vertragsparteien, sondern auch von am zugrundeliegenden Geschäft unbeteiligten Dritten abgeschlossen werden. Das klingt zunächst einmal harmlos, kann aber verheerende Folgen haben. Nehmen wir zum Beispiel einen Hausbesitzer, dessen Nachbar eine Brandschutzversicherung aufnimmt und der nun auf die Versicherung des Nachbarn eine Kreditausfallversicherung abschließt. Das scheint auf den ersten Blick ein wenig skurril, aber kaum bedeutungsvoll. Interessant wird es erst, wenn das Haus des Nachbarn tatsächlich abbrennt. Dann erhält unser Hausbesitzer nämlich dieselbe Summe wie sein geschädigter Nachbar. Das heißt: Er profitiert von dessen Unglück und wird der Polizei vermutlich ein gutes Alibi liefern müssen, da auf Grund seiner Kreditausfallversicherung ja ein Motiv für Brandstiftung vorliegt.

Genau dieser Mechanismus führte dazu, dass Investoren das Finanzsystem nach der Einführung der Kreditausfallversicherung systematisch nach Schwachstellen durchforsteten, um auf mögliche Ausfälle zu wetten und diese gegebenenfalls – auf Grund ihrer finanziellen Stärke – durch

Manipulation selbst herbeizuführen. Ein Beispiel: Hedgefonds nahmen Unternehmen ins Visier, von denen sie wussten, dass sie finanziell auf wackeligen Beinen standen, kauften deren Aktien auf, schlossen Ausfallversicherungen auf deren Kredite ab (es gab keine gesetzliche Einschränkung, die den Mehrfachkauf verbot), warfen anschließend sämtliche Aktien auf einmal auf den Markt, trieben die Unternehmen in den Konkurs und kassierten wegen ihrer Zahlungsunfähigkeit kräftig ab.

Das Ganze war nicht nur volkswirtschaftlich sinnlos, sondern schädlich, zerstörerisch und vor allem asozial, denn während die Investoren sich bereicherten, waren es die arbeitenden Menschen, die diese Betriebe aufgebaut hatten, die am Ende nicht nur ihren Job, sondern in vielen Fällen auch ihre Pensionsansprüche verloren.

Für das gesamte System besonders bedrohlich war die Tatsache, dass Kreditausfallversicherungen und verschiedene andere Derivate als OTC-Geschäfte (englisch »over the counter« = über den Tresen) gehandelt wurden und nicht in den Bilanzen der beteiligten Akteure erscheinen mussten. Niemand konnte daher sagen, wo genau die größten Risiken verborgen waren. Der US-Großinvestor Warren Buffett nannte Derivate deshalb »finanzielle Massenvernichtungswaffen« – eine Einschätzung, die sich 1998 durch die Ereignisse um den Hedgefonds *Long Term Capital Management* (LTCM) auf dramatische Weise bestätigen sollte.

LTCM war 1994 von John Meriwether gegründet worden, der von 1974 bis 1991 als einer der erfolgreichsten Börsenhändler für die Wallstreet-Investmentbank *Salomon Brothers* gearbeitet hatte. In dreijähriger Vorbereitungszeit hatte er ein Konzept entwickelt, um mit einer zwanzig- bis dreißigfachen Hebelung seines Einsatzes im Bereich der Derivate zu spekulieren. Um zahlungskräftige Kunden zu gewinnen, stellte er ein hochkarätiges Team von Marktstrategen zusammen, dem neben erfahrenen Analysten und bekannten Universitätsprofessoren auch David W. Mullins angehörte, der als Nachfolger seines Chefs Alan Greenspan[75] gehandelte stellvertretende Vorsitzende der FED.

Meriwether beschränkte sich auf einhundert Anleger, von denen jeder wenigstens 10 Millionen Dollar anlegen musste. Für sich selbst beanspruchte er 2 % der Einlagen und 25 % auf den erzielten Gewinn. In der Tat legte LTCM einen perfekten Start hin und erwirtschaftete im ersten Jahr mit einem Startkapital von 1,25 Milliarden Dollar einen Gewinn von 28 %.

Der Erfolg sprach sich schnell herum. Schon bald genoss LTCM in Insiderkreisen ein solches Ansehen, dass Meriwether bei den meisten Wertpapierkäufen kein Eigenkapital mehr als Sicherheit hinterlegen musste. Er ging daraufhin immer höhere Risiken ein, und das mit Erfolg: 1995 lag der Gewinn bei 43 %, 1996 bei 41 %. Anfang 1997 folgte der nächste Höhepunkt: Meriwethers Mitarbeiter, die Professoren Merton und Scholes, wurden für ihre »Neuen Methoden zur Bestimmung der Werte von Derivaten« mit dem Nobelpreis ausgezeichnet. Am Ende des Jahres zahlte Meriwether seinen Anlegern einen Gewinn von sagenhaften 2,7 Milliarden Dollar aus. Es schien, als spiele LTCM in einer eigenen Liga.

Doch während immer neue Anleger anklopften, um am Erfolg von LTCM teilzuhaben, zogen im Hintergrund dunkle Wolken auf. Zum einen stiegen immer mehr Nachahmer in das Derivate-Geschäft ein, zum anderen ließ die im Frühjahr 1997 einsetzende Asien-Krise die Stimmung unter Investoren drastisch abkühlen. Die Banken begannen, sich aus riskanten Geschäften zurückzuziehen, Investoren flüchteten scharenweise in als sicher geltende US-Staatsanleihen. Im ersten Halbjahr 1998 machte LTCM einen Verlust in Höhe von 14 %, bewegte bei einem Eigenkapital von etwas über 4 Milliarden Dollar aber immer noch 128 Milliarden Dollar.

Im Grunde ist ein Verlust von 14 % für ein Unternehmen, das in den Vorjahren gute Gewinne gemacht hat, kein Problem. Wenn es jedoch mit einer so großen Hebelung wie LTCM arbeitet, sieht das anders aus. Sobald einige große Geldgeber ihre Einsätze zurückfordern, wird die Lage kritisch. Genau das geschah im August 1998, als die Asien-Krise auf Russland übersprang und russische Ramschanleihen, auf die Meriwether in großem Stil gesetzt hatte, über Nacht wertlos wurden.

LTCM verlor an einem einzigen Tag 553 Millionen Dollar Meriwether versuchte, so viele verbliebene Vermögenswerte wie möglich zu verkaufen, um zumindest das Überleben von LTCM zu sichern. Jetzt aber erwies sich die Größe des Hedgefonds als Hindernis: In der Kürze der Zeit ließen sich nicht genügend Verkäufe abwickeln, um die Talfahrt zu stoppen. Immer mehr Gelder wurden abgezogen, am Ende des Monats beliefen sich die Verluste auf 2 Milliarden Dollar, nach sechs Wochen auf insgesamt 4,4 Milliarden Dollar. Den mit 3 Milliarden Dollar größten Anteil an den Verlusten hatten Zins-Swaps und langfristige Optionen am Aktienmarkt.

Mitte September 1998 war klar: LTCM war am Ende. Doch das Ausmaß der Katastrophe war um einiges größer, als es die sichtbaren Zahlen zunächst vermuten ließen. Die Summe, um die es schlussendlich ging, übertraf nämlich bei weitem den gehebelten Einsatz des Hedgefonds, weil sich Investoren nach den ersten Problemen bei LTCM mit Kreditausfallversicherungen eingedeckt hatten und nur darauf warteten, dass Meriwether Zahlungsunfähigkeit anmeldete. (Man darf angesichts der unter diesen Investoren herrschenden Mentalität davon ausgehen, dass einige von ihnen nach dem Abschluss der Versicherungen auch aktiv am Untergang von LTCM mitgewirkt haben.)

Im Finanzsektor herrschte Alarmstimmung: Im Fall des Zusammenbruchs von LTCM waren insgesamt Zahlungen in Höhe von mehr als einer Billion Dollar fällig. Zu tragen war die Summe von vierzehn Großbanken, darunter neben den führenden Wall-Street-Instituten auch die Schweizer Banken UBS und *Credit Suisse*, die *Deutsche Bank* und die *Dresdner Bank*.

Da niemand wusste, welche Banken derartige Zahlungen überleben würden, schaltete sich William J. McDonough von der New Yorker FED ein und berief die Chefs der betroffenen Geldhäuser am 23. September 1998 zu einer Notsitzung ein. Als die Karten auf dem Tisch lagen, war klar: Ließ man LTCM fallen, konnte niemand das Überleben des amerikanischen Finanzsystems und damit des globalen Finanzsystems garantieren. Keiner der Anwesenden widersprach deshalb, als McDonough der Gruppe eröffnete, dass man der Katastrophe nur entgehen könne, wenn man den Hedgefonds in einer gemeinsamen Aktion vor dem Bankrott rettete. Um selbst nicht in den Abgrund gerissen zu werden, beschlossen die Anwesenden noch in derselben Sitzung, 90 % der Anteile an LTCM zu einem Preis von 3,65 Milliarden Dollar zu kaufen.

Obwohl es sich bei diesem Kauf um nicht mehr und nicht weniger als die in letzter Minute erfolgte Rettung des globalen Finanzsystems handelte, bekam die Öffentlichkeit davon so gut wie nichts mit. Die Medien übergingen die LTCM-Übernahme, als sei nichts geschehen, und weder die Finanzwelt noch die Politik wiesen die internationale Öffentlichkeit darauf hin, dass Warren Buffets Einschätzung der Derivate als finanzieller Massenvernichtungswaffen sich auf dramatische Weise bewahrheitet hatte.

19. EIN NEUER AUFRÜSTUNGSGRUND: DER »KRIEG GEGEN DEN TERROR«

Ein halbes Jahr nach der Auflösung der Sowjetunion im Dezember 1991 erschien ein Buch mit dem Titel »Das Ende der Geschichte«, das schnell zum internationalen Bestseller aufstieg. Sein Autor Francis Fukuyama, Politikwissenschaftler und Berater des US-Außenministeriums, behauptete darin, mit dem Fall der Funktionärsdiktaturen im Osten sei eine historische Epoche zu Ende gegangen. Der wirtschaftliche und politische Liberalismus habe gesiegt, totalitäre und autoritäre Mächte seien endgültig erledigt.

Fukuyama stand mit seiner Meinung nicht allein da, sondern gab einer weit verbreiteten Stimmung des Optimismus und der Hoffnung auf eine Zukunft in Frieden und Wohlstand Ausdruck. Leider stimmten weder seine Voraussagen noch seine Analyse. Das Ende der UdSSR war keineswegs »ein Sieg des Liberalismus«, sondern das Ergebnis des wirtschaftlichen und daraus folgenden politischen Zusammenbruches des Landes.

Auslöser war der niedrige Ölpreis, der in der zweiten Hälfte der achtziger Jahre für riesige Einnahmeausfälle gesorgt hatte. Um diese auszugleichen, hatte die Führung der UdSSR ihre Satellitenstaaten gezwungen, sowjetisches Öl zu überhöhten Preisen zu kaufen. Das hatte in diesen Ländern für finanzielle Engpässe gesorgt. Da die betroffenen Regierungen diese umgehend auf die arbeitende Bevölkerung abwälzten, kam es zu heftigen Protesten. Der Versuch der Moskauer Führung, das Aufbegehren der Bevölkerung gewaltsam zu unterdrücken, scheiterte und leitete das Ende des Regimes ein.

Die auf den Zusammenbruch folgende Abschaffung der Planwirtschaft und die Einführung der Markwirtschaft in den Ländern der **Gemeinschaft Unabhängiger Staaten** (GUS)[76] eröffneten aber keinesfalls eine Phase liberaler Blüte, sondern leiteten einen Prozess äußerster Verschärfung sozialer Gegensätze ein. Während die Menschen in der Mitte und am unteren Ende der Gesellschaft mit galoppierender Inflation, Arbeitslosigkeit und zunehmender Hoffnungslosigkeit zu kämpfen hatten, entwickelte sich an ihrem oberen Ende eine hauptsächlich aus den Reihen ehemaliger Politfunktionäre rekrutierte Schicht ultrareicher Oligarchen.

Ihre Anhäufung riesiger Vermögen war in erster Linie ausländischem Kapital zu verdanken, das in großen Mengen ins Land floss und auch internationalen Investoren erhebliche Gewinne bescherte. Doch schon nach wenigen Jahren begannen die Oligarchen, eigene Banken und Hedgefonds zu gründen, ausländische Investoren vom Markt zu verdrängen und einen Großteil der im Land reichlich vorhandenen Bodenschätze für sich zu beanspruchen.

Nach und nach entwickelte sich Russland auf diese Weise wieder zum Kontrahenten des Westens – sehr zur Genugtuung der Rüstungsindustrie, die einen neuen Gegner entstehen sah. Allerdings tat sich damit für sie auch ein neues Problem auf: Das alte Feindbild »Kommunismus«, das ein Vierteljahrhundert als Vorwand für die Produktion immer effektiverer Waffen gedient hatte, war historisch erledigt, ein neues nicht in Sicht. Was also tun, um die Menschen von der Notwendigkeit weiterer Aufrüstung zu überzeugen?

Zunächst wurde eine Übergangslösung gefunden. In den zerfallenden Ostblockstaaten keimten nationalistische Bewegungen auf, die wegen der Verschlechterung der Lebensverhältnisse schnell Zulauf erhielten. Unter dem Vorwand, diesen unterdrückten Minderheiten zu ihrem »Recht auf Selbstbestimmung« zu verhelfen – davon war vorher nie die Rede gewesen –, begannen die USA und ihre europäischen Verbündeten, den Staatengürtel um Russland herum zu destabilisieren. Im Vielvölkerstaat Jugoslawien wurden die einzelnen Teilrepubliken mit Hilfe westlicher Geheimdienste und durch wirtschaftliche Maßnahmen des IWF so lange gegeneinander aufgebracht, bis sich gewaltsame nationalistische Konflikte entzündeten, die Slowenien, Kroatien, Bosnien und Kosovo von 1991 bis 1999 in blutige Schlachtfelder verwandelten.[77]

Die schwersten Gefechte auf europäischem Boden seit 1945 bescherten der Rüstungsindustrie einmal mehr hohe Profite und ermöglichten es internationalen Investoren, sich anschließend am Wiederaufbau von fünfzehn durch Luftangriffe fast vollständig zerstörten Städten zu beteiligen. Doch trotz des militärischen und wirtschaftlichen Erfolges fehlte zur Jahrtausendwende noch immer ein klares, griffiges Feindbild, mit dem die Mehrheit der Bevölkerung von der Notwendigkeit ständiger Aufrüstung und der Dringlichkeit eines militärischen Vorrückens bis in die entlegensten Winkel der Welt überzeugt werden konnte. Das aber änderte sich am 11. September 2001.

Die Anschläge auf das New Yorker World Trade Center und das Pentagon in Washington waren nicht nur die spektakulärsten Terrorakte, die die Welt bis dahin gesehen hatte, sie verhalfen der Rüstungsindustrie auch zu einem wie für sie geschaffenen Feindbild. Nachdem man im Ersten Weltkrieg gegen den deutschen Militarismus, im zweiten gegen den Faschismus und im Kalten Krieg gegen den Kommunismus zu Felde gezogen war, wurde nun der »Krieg gegen den Terror« erklärt.

Erstes Kriegsziel war im Oktober 2001 Afghanistan, das unter dem Vorwand der Zerstörung von Ausbildungslagern von Taliban und Al Kaida angegriffen wurde. Wie wir heute wissen, waren beide Organisationen – im Gegensatz zum US-Verbündeten Saudi-Arabien – an den Anschlägen vom 11. September nicht beteiligt. Das Ergebnis des Krieges war ein destabilisiertes, weitgehend zerstörtes Land, das seitdem von US-hörigen Marionettenregimes regiert wird – in einer Region, die die zweitgrößten Öl- und Gasreserven der Welt beherbergt.

Fortgesetzt wurde der »Krieg gegen den Terror« im März 2003, als die USA zusammen mit der »Koalition der Willigen« den Irak angriffen. Als

Vorwand diente die angebliche Entwicklung von Massenvernichtungswaffen durch das Regime von Saddam Hussein, die sich später als frei erfunden herausstellte. Nicht erfunden dagegen war die Tatsache, dass der Irak sein Öl seit 2000 im Rahmen des Programms »Öl gegen Lebensmittel« zum Teil gegen Euros verkaufte und seine nationalen Devisenreserven auf den Euro umstellte. Bereits wenige Wochen nach Beginn der Bombardements sorgten die USA dafür, dass die OPEC den Irak zwang, irakisches Öl ab sofort wieder in US-Dollar zu verkaufen. Danach verwüsteten und destabilisierten sie zusammen mit ihren Verbündeten das Land und installierten auch dort eine ihnen ergebene Regierung.

Aus der Sicht des Weißen Hauses gehörte der Irak zur »Achse des Bösen«[78], zu der neben Nordkorea der Iran und später ebenfalls Venezuela zählten. Das gemeinsame Verbrechen dieser Länder bestand darin, dass sie nicht länger bereit waren, sich der Diktatur des US-Dollars zu unterwerfen. Der Iran wechselte im Januar 2002 die Hälfte seiner Währungsreserven von Dollar in Euro, Nordkorea zog im Herbst desselben Jahres nach und tauschte seine Dollar ebenfalls gegen Euro. Venezuela, viertgrößter Erdölproduzent der OPEC, begann in der gleichen Zeit mit dem Verkauf seines Öls gegen Waren statt Dollar.

Auch die Feindseligkeiten der USA gegen Russland und China haben einen währungspolitischen Hintergrund: Russland hat 2008 eine Energiebörse gegründet, die Transaktionen in Rubel und Gold ermöglicht. Nach der Verschärfung der Spannungen zwischen Moskau und Washington im Gefolge der Ukraine-Krise preschte Russland weiter voran und verkündete im August 2014, alle bilateralen Energie-Geschäfte mit China perspektivisch nur noch in Rubel und Yuan vorzunehmen. Sollte diese Ankündigung bei dem zwischen beiden Ländern vereinbarten 2018 beginnenden und auf 30 Jahre abgeschlossenen Energiedeal im Wert von 400 Milliarden US-Dollar umgesetzt werden, wäre es das größte bisher ohne den Petrodollar abgeschlossene Abkommen seiner Art.

2011 geriet Libyen in den Fokus des »Krieges gegen den Terror«. Staatschef Gaddafi plante zusammen mit anderen nordafrikanischen Nationen die Einführung einer goldgedeckten Währung (des Gold-Dinars). Die Antwort der USA und ihrer Verbündeten war eindeutig: Gaddafi wurde gelyncht, sein Land, das unter allen afrikanischen Staaten den höchsten Lebensstandard aufgewiesen hatte, wurde im Rahmen eines internationalen NATO-Militäreinsatzes vor allem von der US-amerikanischen und der französischen Luftwaffe in Schutt und Asche gelegt.

Seit 2013 hat sich Syrien zum wichtigsten Schauplatz des »Krieges gegen den Terror« entwickelt. Hier wurde – wie in Jugoslawien – ein innerer Konflikt so lange von außen angeheizt, bis er außer Kontrolle geriet. Dann griffen die USA und ihre Verbündeten unter dem altbekannten Vorwand ein, demokratische Kräfte gegen einen Diktator unterstützen zu wollen. Nach dem Motto »Der Feind meines Feindes ist mein Freund« gingen sie dabei vor Ort Allianzen mit genau den Kräften ein, die sie seit Jahren zu bekämpfen behaupten – Radikal-Islamisten wie Al Kaida und Al Nusra.

Wegen der inzwischen weltpolitischen Bedeutung des Konfliktes ist es im Fall Syrien besonders wichtig, der wirklichen Ursache für den Krieg auf den Grund zu gehen. Bereits 2006 begann das Land, einen Teil seiner Importe in Euro zu bezahlen und geriet so ins Visier der USA. Kriegsauslösend aber war der Streit um zwei Pipelines, den man nur vor dem folgenden Hintergrund verstehen kann: Russland deckt 25 % des europäischen Bedarfes an Öl und Gas. Europa versucht seit längerem, sich von diesen Lieferungen unabhängig zu machen und wird dabei von den USA unterstützt, die Russland so schwächen und ihm in absehbarer Zukunft durch eigenes (durch Fracking gewonnenes) Gas Konkurrenz machen wollen.

Aus diesem Grund planten die USA, sich an einem Projekt Katars zu beteiligen und eine Öl-Pipeline durch Saudi-Arabien, Jordanien, Syrien und die Türkei zu bauen. Syrien lehnte jedoch, vermutlich auf Druck seines Verbündeten Russland, ab und wollte stattdessen dem Iran erlauben, eine Pipeline durch Irak und Syrien bauen lassen, diesmal mit Russlands Unterstützung. Die Realisierung dieses Projektes wurde bisher durch den Krieg verhindert.

Der Syrienkrieg geht also im Gegensatz zu seinen Vorläufern nicht auf die unmittelbare Bedrohung des US-Dollars, sondern in erster Linie auf Interessenskonflikte zwischen den Großmächten im Zusammenhang mit Öl, Gas und dem eigenen Einfluss in der Region zurück. Er hat aber für die vor uns liegende geschichtliche Periode eine immense Bedeutung, denn durch ihn ist es den USA und ihren Verbündeten gelungen, eine Bedrohung zu schaffen, die seitdem sowohl für ihre Außen-, als auch ihre Innenpolitik von höchster Bedeutung ist – den Islamischen Staat (IS).

Der IS wurde in Irak von Teilen der Al-Kaida-Bewegung gegründet, wo er sich zwischen 2006 und 2010 zu einer schlagkräftigen Miliz entwickelte. Nach der Ausdehnung seiner Aktivitäten auf Syrien gelang es ihm ab 2013, mehrere Ölquellen zu erobern und Waffenlieferungen der USA an ihre Verbündeten abzufangen. Im Juni 2014 erbeutete er in den USA hergestellte Panzer und Flugzeuge der irakischen Armee im Werte von mehreren hundert Millionen Dollar und entwickelte sich so zu einer immer größeren Macht in der Region.

Der IS ist nichts anderes als die bewaffnete religiös-fundamentalistische Antwort einheimischer Kräfte auf die ständige Militäraggression der Großmächte im Nahen Osten. Der IS wäre ohne die Kriege nicht entstanden und hätte sich ohne die Mitwirkung des Westens, insbesondere der USA, nicht zu dem entwickelt, was er heute ist. Washingtons auf ständige Konfliktverschärfung und militärische Eskalation ausgerichtete Politik hat dem IS massenweise Anhänger in die Arme getrieben, die von den USA im Irak und in Syrien zurückgelassenen Waffen haben für seine Grundausrüstung gesorgt.

Im Gegensatz zu den anderen radikal-islamistischen Organisationen geht der Wirkungsbereich des IS inzwischen weit über den Nahen Osten hinaus. Seine Köpfe beherrschen die mediale Kriegführung im Internet und haben es in den vergangenen Jahren geschafft, ein weltweites Unterstützer-Netzwerk aufzubauen, das international Angst und Schrecken verbreitet. Die Liste von Ländern, in denen dem IS zugeschriebene Terror-Anschläge verübt wurden, wird von Monat zu Monat länger: Ägypten, Bangladesch, Tschetschenien, Afghanistan, Frankreich, Pakistan, Irak, Israel, Syrien, Indonesien, Deutschland, Großbritannien, Türkei, USA, Jemen, Belgien, Schweden, Libanon, die Philippinen und Iran.

Diese Terroranschläge (egal ob vom IS selbst oder von Sympathisanten verübt oder dem IS auch nur zugeschrieben) haben der Rüstungsindustrie eine ständige Einkommensquelle beschert, da sie jedes Mal als Vorwand für Vergeltungsschläge im Nahen Osten und für Maßnahmen zur Stärkung der inneren Sicherheit in den betroffenen Ländern benutzt werden. Sie helfen der Finanzindustrie, denn sie lenken die Menschen von den Geschehnissen an den Finanzmärkten ab – insbesondere den kriminellen Machenschaften der Großbanken und der Hedgefonds – und treiben die Börsenkurse der Waffenindustrie ein ums andere Mal in die Höhe. Sie helfen der Politik, indem sie die Menschen in einen Zustand ständiger Angst versetzen und es Gesetzgebern und Behörden dadurch erleichtern, demokratische Rechte immer weiter einzuschränken und den Sicherheits- und Überwachungsapparat Stück für Stück auszubauen.

All das ist so wichtig, weil die Welt derzeit von einem Phänomen bedroht ist, das wir bisher nur aus der Natur kennen: einem **Tsunami**. Ein solcher Tsunami entsteht, wenn gegeneinander reibende Erdplatten unter dem Meer so starken Druck aufeinander ausüben, dass Teile von ihnen abbrechen und sich ruckartig übereinander schieben. Die Folge: Der Meeresspiegel steigt plötzlich an und formt eine Tsunami-Welle, die – zeitlich verzögert – mit ungeheurer Wucht aufs Land trifft und dort gewaltige Verwüstungen anrichtet.

Was sich derzeit im Finanzsystem entwickelt, entspricht einem solchen Tsunami. Die verschiedenen Krisen der achtziger und neunziger Jahre – von der lateinamerikanischen Schuldenkrise über die Krise der asiatischen Tigerstaaten bis zum Beinahe-Crash des Systems nach der Zahlungsunfähigkeit von LTCM – waren die ersten tektonischen Verschiebungen, denen mit der Subprime-Hypothekenkrise in den USA, dem Zusammenbruch von *Lehman Brothers* 2008 und der Eurokrise ab 2010 weitere folgten. Kein einziges der Probleme, die zu diesen Krisen geführt haben, ist gelöst worden. Sie alle sind immer nur aufgeschoben und durch die Erzeugung noch größerer, aber erst in der Zukunft auftretender Probleme verdeckt worden. Deshalb haben sich unter der Oberfläche ungeheure Spannungen aufgebaut, die sich irgendwann urplötzlich und ohne vorherige Ankündigung entladen werden.

Was konkret diesen kommenden Finanz-Tsunami auslösen wird, lässt sich genauso wenig vorhersagen wie der Zeitpunkt, zu dem es passieren wird. Nur dass er eintreten wird und nicht mehr zu verhindern ist, lässt sich spätestens seit 1998 behaupten, und zwar mit mathematischer Sicherheit und aus einem sehr einfachen Grund: Wegen der nicht gezogenen Konsequenzen aus dem Fall LTCM.

20. DIE WELT AM RANDE DES FINANZ-ABGRUNDES

Nach der LTCM-Rettung im September 1998 musste jedem, der das Geschehen verfolgt hatte, klar sein: Wenn keine wirksamen Gegenmaßnahmen getroffen wurden, konnten sich die Ereignisse nicht nur jederzeit wiederholen, sondern wegen des rasanten Wachstums des Finanzsektors zum Zusammenbruch des gesamten Systems führen. Es war allerhöchste Zeit zu handeln.

Was also taten die Verantwortlichen? Umlenken? Notmaßnahmen ergreifen? Vor den lauernden Gefahren warnen? Nichts von alledem. Sie warteten eine Weile ab, bis die Mehrheit der Menschen wieder mit der Bewältigung ihres Alltags beschäftigt war, lockerten dann die Bremsen des auf den Abgrund zufahrenden Zuges und beschleunigten sogar noch das Tempo. Als hätte es den Fall LTCM nie gegeben, deregulierte die Politik auf Drängen der Finanzindustrie weiter – und zwar gründlicher, schneller und umfassender als je zuvor.

Gerade einmal sechs Monate nach der LTCM-Rettung verlangte Alan Greenspan, der Vorsitzende der FED, einen weiteren Abbau von Vorschriften auf dem US-Derivatemarkt – und erhielt ihn. Im selben Jahr beseitigte die US-Regierung mit Unterstützung der FED den Glass-Steagall-Act und damit die letzten Reste des Trennbankensystems. Ein Jahr später trat der »Commodity Futures Modernization Act« (Gesetz zur Modernisierung der Rohstoff-Futures) in Kraft, der die US-Aufsichtsbehörde für den Warenterminhandel daran hinderte, nicht in den Bilanzen erscheinende Derivate-Kontrakte zu regulieren. 2004 erlaubte die US-Börsenaufsicht den Investmentbanken durch die »voluntary regulation« (freiwillige Regulierung) noch geringere Kapitalreserven und noch höhere Hebelungen.

Nicht anders als in den USA ging es in Deutschland zu. Ende 2001 beschloss die Bundesregierung nach den ersten drei Finanzmarktförderungsgesetzen von 1990, 1994 und 1998 auch noch ein viertes. Es lockerte die Anforderungen für den Börsenhandel, erweiterte die Anlagemöglichkeit von Fonds, erlaubte den Derivatehandel auch im Immobiliengeschäft und befreite Unternehmen von Steuern auf Veräußerungsgewinne. Im Mai 2003 brachten die Fraktionen von SPD und Grünen unter der Führung des späteren Finanzmarkt-»Kritikers« Franz Müntefering im Bundestag einen Antrag ein, um den »Finanzplatz Deutschland weiter [zu] fördern«[79] – mit weitreichenden Folgen:

2004 trat das Investmentmodernisierungsgesetz in Kraft, in dem der Einsatz von Derivaten nochmals erweitert, die Tätigkeiten von Kapitalgesellschaften ausgedehnt und Hedgefonds in Deutschland zugelassen wurden. Sah der ursprüngliche Entwurf dieses Gesetzes noch vor, dass Hedgefonds wegen ihrer riskanten Geschäfte von der BaFin (der 2002 gegründeten Bundesanstalt für Finanzdienstleistungsaufsicht) überwacht werden sollten, so fand sich in der Endfassung, an deren Erarbeitung auch eine Lobbyistin des Bundesverbands Deutscher Investment-Gesellschaften mitwirkte, davon kein Wort mehr.

Welcher Partei die Kabinettsmitglieder in Berlin angehörten, spielte bei der Deregulierung keine Rolle: Die ersten zwei Finanzmarktförderungsgesetze waren vor Rot-Grün unter CDU-Kanzler Helmut Kohl erlassen worden, der Finanzmarktförderplan fiel nach Rot-Grün 2006 in das erste Regierungsjahr von Angela Merkel. Auch im übrigen Europa spielte die politische Ausrichtung der Regierenden keine Rolle: In Großbritannien waren es die Konservativen, in Frankreich die Sozialisten, in Italien eine Mitte-Links-Koalition, die die Deregulierung vorantrieben.

Die Folge war eine Explosion des Finanzsektors, dessen Ausmaß das globale Bruttoinlandsprodukt zur Jahrtausendwende bereits um ein Vielfaches übertraf. Allein das Volumen ausstehender Derivate wuchs zwischen dem 1. Halbjahr 1998 und dem 1. Halbjahr 2004 von 72 Billionen Dollar auf 220 Billionen Dollar, um anschließend bis zum 1. Halbjahr 2008 auf 673 Billionen Dollar anzusteigen.

Ihre schiere Größe verlieh der international operierenden Finanzindustrie eine solche Macht, dass sie einzelne Länder problemlos gegeneinander ausspielen konnte: Sollte ein Land nicht bereit sein, ihr noch mehr gesetzlichen Freiraum zur Spekulation, noch geringere Abgaben oder noch günstigere Steuersätze zu gewähren, so konnte sie ganz einfach auf ein anderes ausweichen. Da eine solche Entscheidung für das betroffene Land den Wegfall von Arbeitsplätzen und einen Ausfall von Steuerzahlungen bedeutete, hüteten sich die Regierungen davor, sich den Wünschen und Forderungen der Finanzwirtschaft zu widersetzen. Im Gegenteil: Sie versuchten in vielen Fällen sogar, die Finanzindustrie durch immer größeres Entgegenkommen in ihre Länder zu locken.

Mit dem Eintritt ins neue Jahrtausend hatte die Deregulierung eine Welt geschaffen, in der die Finanzindustrie jede Regierung der Erde, unabhängig von ihrem politischen Standort, erpressen und praktisch jede ihrer Forderungen innerhalb kürzester Zeit durchsetzen konnte. Wie weit diese Erpressbarkeit und die so erzwungene Kooperationsbereitschaft der Politiker gingen, sollte sich schon bald in der größten Krise zeigen, die die Welt seit der Großen Depression in den dreißiger Jahren erlebt hatte und die zur Jahrtausendwende langsam, aber unaufhaltsam durch die Geschehnisse am US-Häusermarkt eingeleitet wurde: dem **Beinahe-Crash von 2007/2008**.

Obwohl der amerikanische Immobilien-Markt boomte und die Häuserpreise von Jahr zu Jahr anzogen, war spätestens mit dem Eintritt ins 21. Jahrhundert klar, dass in absehbarer Zeit ein Abschwung bevorstand. Auf der Suche nach Möglichkeiten, den Markt künstlich anzuheizen, war die Finanzindustrie auf die Idee gekommen, auch denen, die sich eigentlich kein Haus leisten konnten, Kredite zu gewähren, sogenannte **Subprime-** (zweitklassige) **Kredite**.[80] Das aber konnte nur so lange gut gehen, wie die Häuserpreise stiegen, denn dann konnte man die betroffenen Häuser bei Zahlungsausfall zwangsenteignen und zu einem höheren Preis wieder auf den Markt werfen. Was aber, wenn es zum befürchteten Preiseinbruch kam?

An genau diesem Punkt kam die Deregulierung ins Spiel. Ihre Lösung hieß: Die Schulden auf die Subprime-Kredite bündeln, verbriefen, von den **Rating-Agenturen**[81] als »sichere Anlage« einstufen lassen und verkaufen. Auf diese Weise konnte die Bank, die den zweitklassigen Kredit vergab, das Risiko auf andere Banken oder Finanzinstitutionen übertragen. Da es sich darüber hinaus um Over-The-Counter-Geschäfte handelte, konnte niemand verfolgen, wohin das Risiko wanderte.

Das Prinzip erwies sich als überaus erfolgreich. Immer mehr Kunden, von denen man genau wusste, dass sie ihre Kredite niemals würden zurückzahlen können, wurden mit Lockangeboten geködert, ihre verbrieften Schulden zunächst innerhalb der USA, dann in die ganze Welt verkauft. In der Immobilien- und Finanzbranche setzte ein wahrer Goldrausch ein. Doch während die Profiteure sich die Hände rieben, verteilten sich die Risiken im globalen Finanzsystem wie unsichtbare Tellerminen.

Im Sommer 2006 kam das böse Erwachen: Der Aufwärtstrend ging zu Ende, die Häuserpreise in den USA begannen plötzlich zu fallen. Erste Banken forderten ihre Schulden ein, merkten aber schnell, dass etwas nicht stimmte und stießen die Verbriefungen umgehend an andere Banken ab. Das wiederum machte die gesamte Branche stutzig und plötzlich wurde klar: Man saß auf einer riesigen Menge wertloser Papiere. Aber das war noch nicht alles: Einige findige Insider hatten den Preiseinbruch vorausgesehen und massenweise Kreditausfallversicherungen (in den USA vor allem beim Marktführer AIG[82]) abgeschlossen, die nun zusätzlich zu den Verlusten fällig wurden und den Schaden um ein Vielfaches erhöhten.

Die Folge ist bekannt: Die Wall Street geriet ins Taumeln, am schlimmsten traf es Investmentbanken wie *Bear Stearns* und *Lehman Brothers*, die Hypotheken-Finanzierer *Freddie Mac* und *Fannie Mae* und den Versicherer AIG. Aber nicht nur in Amerika drohte der Kollaps: In Großbritannien musste die Bank *Northern Rock* verstaatlicht und die *Royal Bank of Scotland*, die HBOS und die *Lloyds TSB* mit 37 Milliarden Pfund gestützt werden. In Deutschland waren unter anderen die *Commerzbank*, die Düsseldorfer IKB, die *West-LB* und die Münchener *Hypo Real Estate* von existenzbedrohenden Verlusten betroffen, in der Schweiz drohte die Zahlungsunfähigkeit der UBS.

Schon bald zeigte sich, dass die Summen, um die es ging, die des LTCM-Kollapses bei Weitem übertrafen. Allein die Hypo Real Estate brauchte mehr als das Fünffache des Betrages, mit dem LTCM gerettet worden war, die Schweizer UBS mehr als das Fünfzehnfache, der US-Versicherungsgigant AIG mehr als das Fünfzigfache. Die Situation wurde immer brenzliger, bis wegen der engen internationalen Verflechtung des Finanzkapitals im Spätsommer 2008 der Fortbestand des globalen Finanzsystems auf dem Spiel stand.

In Washington weigerte sich der in Wirtschafts- und Finanzangelegenheiten offensichtlich überforderte George W. Bush zunächst zu handeln. In Berlin traten die Bundeskanzlerin und ihr Finanzminister im Oktober 2008 vor die Fernsehkameras und redeten der deutschen Bevölkerung ein, ihre Bank- und Sparkasseneinlagen seien sicher, obwohl im Fall eines Zusammenbruchs nicht einmal ein Bruchteil des benötigten Geldes zur Verfügung gestanden hätte. Anschließend wurde erklärt, man denke nicht daran, Steuergelder zur Rettung von Banken einzusetzen. Kurz darauf folgte ein Schwenk um hundertachtzig Grad: Im Einklang mit der ebenfalls umgeschwenkten US-Regierung hieß es jetzt, Banken und große Finanzunternehmen seien »too big to fail« und müssten um jeden Preis gerettet werden.

Die Rettung aber wurde teuer. So teuer, dass in die Haushalte der Staaten riesige Löcher gerissen wurden und die Welt von der Bankenkrise direkt in eine Schuldenkrise rutschte, die in Europa die Form der Eurokrise annehmen sollte. Erneut stand die Politik der Finanzindustrie hilfreich zur Seite, stritt konsequent die eigenen Versäumnisse ab und weigerte sich standhaft, das gewissenlose Treiben von Spekulanten als Ursache der Krise zu benennen. Stattdessen machte sie die von ihrer Arbeit lebenden Menschen für die entstandene Lage verantwortlich. Um die immer größeren Löcher in den Staatshaushalten zu stopfen, rief sie die Menschen auf, den Gürtel enger zu schnallen und härter zu arbeiten, da sie »zu lange über ihre Verhältnisse gelebt« hätten. All das entbehrte zwar jeder rationalen Grundlage, wurde der internationalen Öffentlichkeit aber wie ein Mantra eingebläut.

Aus der Sicht des Finanzsektors war das auch dringend notwendig, denn es ging immerhin darum, einen Sachverhalt von historischer Sprengkraft zu verschleiern: Bei der Krise von 2007/2008 handelte es sich nämlich um die bis dahin größte Vermögensumverteilung in der Geschichte der Menschheit. Kein Diktator hat seine Untertanen jemals in kürzerer Zeit um größere Beträge erleichtert als die globale Finanzindustrie die arbeitende Bevölkerung zwischen 2007 und 2008.

Dieses historische Ausmaß der Krise blieb nicht ohne Folgen. Nachdem sie die Lage notfallmäßig unter Kontrolle gebracht hatten, erlebten die Verantwortlichen nämlich die nächste böse Überraschung: Das Misstrauen innerhalb der Finanzbranche war – vor allem wegen der versteckten Risiken durch Derivate – so groß geworden, dass die großen Finanzinstitute einander nicht mehr über den Weg trauten und nicht bereit waren, sich gegenseitig Geld zu leihen. Das wiederum brachte zahlreiche von ihnen in die Verlegenheit, ihre Schulden nicht begleichen zu können. Die Geldströme gerieten immer mehr ins Stocken und drohten zum Erliegen zu kommen – ein Phänomen, das man als »**Liquiditätskrise**« bezeichnet und das die auf Wachstum und kontinuierliche Zahlungsströme aufgebaute kapitalistische Wirtschaft innerhalb kurzer Zeit in einen Patienten verwandelt, der ohne die Behandlung durch einen Notarzt nicht überlebensfähig ist.

21. DER VERZWEIFELTE KAMPF GEGEN DEN UNTERGANG

Das Finanzsystem kennt im Krisenfall nur eine Organisation, die die Funktion des Notarztes übernehmen kann: Die Zentralbank. Ihr stehen mit der Geldschöpfung und der Zinssenkung zwei höchst wirksame Mittel zur Verfügung, die allerdings beide denselben Schwachpunkt aufweisen: Sie sind zeitlich nur begrenzt einsetzbar. Hält die Geldschöpfung zu lange an, führt sie in die Geldentwertung, wird die Zinssenkung übertrieben, untergräbt sie das Kreditgeschäft, die Grundlage des Bankwesens. Gleichzeitig und in zu hoher Dosis angewandt, zersetzen beide Maßnahmen das System von innen heraus.

2008 war die Lage so ernst, dass – wie bei einem medizinischen Notfall – nicht nach den Nebenwirkungen der eingesetzten Mittel gefragt wurde. Ob FED, EZB, *Bank of England*, *Bank of Japan* oder die *Schweizer Nationalbank* – sie alle machten sich umgehend ans Werk, schufen Unmengen von Geld und vergaben es zu immer niedrigeren Zinssätzen. Politik und Medien leisteten Schützenhilfe, indem sie der skeptisch gewordenen Bevölkerung erklärten, das frisch geschöpfte Geld werde die am Boden liegende Wirtschaft wieder in Gang bringen und die Zinssenkungen würden diesen Prozess noch beschleunigen.

Tatsächlich aber floss das Geld zum weitaus größten Teil nicht in die Realwirtschaft, sondern erneut in die Spekulation an den Finanzmärkten, und zwar aus vier Gründen: Erstens stagnierte die Weltwirtschaft, so dass nur geringer Investitionsbedarf bestand, zweitens waren an den Finanzmärkten, insbesondere im Bereich der Derivate, immer noch extrem hohe Gewinne zu erzielen, drittens wirkten die immer niedrigeren

Zinsen auf Spekulanten wie eine suchterzeugende Droge und viertens fiel es der Finanzindustrie nicht schwer, noch höhere Risiken als zuvor einzugehen, da sie ja nun als »too big to fail« galt.

Während die große Mehrheit der arbeitenden Bevölkerung überzeugt war, die von den Zentralbanken getroffenen Maßnahmen dienten der Konsolidierung des Systems, bewirkten sie in Wirklichkeit genau das Gegenteil: Mit dem frisch gedruckten und zu immer günstigeren Bedingungen vergebenen Geld wurde das ohnehin schwer angeschlagene System einmal mehr und auf genau dieselbe Art und Weise destabilisiert, die zuvor zu seinem Zusammenbruch geführt hatte – und zwar mit noch höheren Einsätzen und unter Inkaufnahme noch höherer Risiken.

Damit war das 1944 begründete globale Finanzsystem in eine neue historische Phase eingetreten: Ähnelte es nach dem LTCM-Zusammenbruch 1998 einem schwer verletzten Unfallopfer, so gleicht es spätestens seit 2008 einem Krebskranken ohne Heilungschancen: Was immer der Patient an Nahrung bekommt, dient nicht mehr dem Aufbau seines Körpers (der Realwirtschaft), sondern nur noch der Fütterung seines Tumors (dem Finanzsektor). Was immer die Zentralbanken an Geld ins System pumpen, verhilft nicht mehr zu wirtschaftlichem Aufbau, sondern fließt überwiegend in die Taschen von Großinvestoren, die der Gesamtgesellschaft durch ihr parasitäres Verhalten nach und nach die Lebensgrundlage entziehen.

Welche Folgen das für die Rolle der Politik hatte, zeigte sich ab 2010 in der Eurokrise. Hier stellte die Finanzindustrie die Regierungen im Euroraum in der entscheidenden Phase einfach kalt und schuf ihr eigenes Exekutivorgan – die **Troika** aus Europäischer Zentralbank, Internationalem Währungsfonds und EU-Kommission. Die Troika sorgte zunächst dafür, dass die Regierungschefs in Italien und Griechenland durch »Technokraten« aus der Hochfinanz (die ehemaligen *Goldman-Sachs*-Banker Mario Monti und Loukas Papadimos) ersetzt wurden. Als die Parlamentswahlen in Griechenland eine Mehrheit für die gegen die Sparmaßnahmen antretende **Syriza** ergaben, drehte die Troika dem Land einfach den Geldhahn ab. Als das griechische Volk im darauffolgenden Sommer die Sparpolitik in einer Volksabstimmung ablehnte, ignorierte die Troika das Ergebnis und verschärfte den Sparkurs sogar noch.

Wenn es für das Absterben der bürgerlichen Demokratie noch eines Beweises bedurft hätte, hat Griechenland ihn geliefert: Der Parlamentarismus war durch die Finanzindustrie ausgehöhlt, Wahlen waren bedeutungslos geworden. Europa im Krisenmodus wurde nicht mehr von gewählten Politikern regiert, sondern im Interesse des großen Geldes von einer Gruppe nicht gewählter, gesichtsloser Bürokraten zwangsverwaltet.

Um die Öffentlichkeit zu beruhigen, beteuerte die Finanzindustrie ein ums andere Mal, dass eine Wiederholung der systembedrohenden Ereignisse von 2007/2008 ausgeschlossen sei. Hinter verschlossenen Türen aber suchte man händeringend nach einer Antwort auf die allesentscheidende Frage: Wie und durch wen konnte das System, das 1998 durch eine Gruppe von Banken und 2008 durch das Eingreifen der Staaten gerettet worden war, beim nächsten Einbruch am Leben erhalten werden?

Die von den Finanz-Experten erarbeitete Antwort lautete: Das Bail-out durch ein **Bail-in** ersetzen. Hatten in der letzten Krise die Regierungen eingegriffen, um die Finanzunternehmen mit Steuergeldern zu retten (Bail-out), so sollten im nächsten Krisenfall zunächst die Anteilseigner und Einleger der bedrohten Finanzinstitute herangezogen werden, um für deren Rettung aufzukommen (Bail-in). Das Konzept wurde in Windeseile in fast allen Ländern der Welt zu Recht und Gesetz erklärt und der Öffentlichkeit von der Politik als »Entlastung der Steuerzahler« verkauft.

Doch schon bei seinen ersten Anwendungen in Zypern und Italien zeigte das Bail-in-Prinzip sein tatsächliches Gesicht: Da die Wohlhabenden ihr Vermögen entweder in Steueroasen untergebracht oder auf Grund guter Beziehungen zu Regierungskreisen rechtzeitig abgezogen hatten, traf die Enteignung vor allem die Besitzer kleiner und mittlerer Vermögen – also genau die, die bereits die höchste Steuerlast trugen.

Ein vom IWF im Oktober 2013 in seiner Broschüre »*Taxing Times*« ins Spiel gebrachter Vorschlag zielte ebenfalls auf die Rettung des Systems durch Teilenteignung der Bürger ab. Ihm zufolge sollten die leeren Staatskassen durch eine 25-prozentige einmalige Steuer auf alle verfügbaren Vermögen aufgefüllt werden. Auch diese extreme Maßnahme ließ die Steuerparadiese der Wohlhabenden unberücksichtigt und wälzte die Gesamtlast vor allem auf kleine und mittlere Vermögen ab.

Sowohl das Bail-in als auch die einmalige Steuerabgabe waren im Grunde nichts anderes als der am Reißtisch entworfene Versuch, die Mittelschicht für die Rettung des Systems bezahlen zu lassen. Allerdings hatten die Urheber die sozialen Folgen ihrer Pläne nicht bedacht: Als in der italienischen Toskana im Dezember 2015 vier Banken mittels Bail-in gerettet wurden, heizte die kalte Enteignung einfacher Bürger den Hass der Bevölkerung auf die übermächtigen Banken und die Regierung so stark an, dass ein für das System äußerst gefährliches gesellschaftliches Klima entstand. Das Kabinett in Rom und der italienische Finanzsektor gerieten daraufhin so stark unter Druck, dass sie eine von der EZB und der EU mehrfach geforderte weitere Bail-in-Anwendung rundheraus ablehnten.

Mit dem vorläufigen Scheitern des Bail-in-Prinzips und der Einsicht, dass auch eine einmalige Steuer auf den erbitterten Widerstand der Bevölkerung treffen würde, war ein neues Stadium der Krise erreicht. Finanzindustrie und Politik mussten sich eingestehen, dass ihre Möglichkeiten der Krisenbekämpfung weitgehend erschöpft waren. Da die Zeit aber drängte, entschied man sich aus der Not heraus, die Kompetenzen der Zentralbanken über alle gesetzlichen Einschränkungen hinaus zu erweitern und ihnen praktisch einen Freibrief für systemerhaltende Maßnahmen zu erteilen.

Dieses Provisorium ist inzwischen zur Dauerlösung geworden. Die Zentralbanken sind mittlerweile der Tropf, an dem das globale Finanzsystem hängt und ohne den es zugrunde gehen würde. Das Ergebnis ist eine neue Normalität: Das eigentlich nur für Notfälle gedachte Gelddrucken ist zur Routine geworden, die Zinssätze sind nicht nur bis auf Null, sondern zum Teil bereits in den Negativbereich gesenkt worden, die Rückzahlung von Krediten wird auf dreißig bis vierzig Jahre erstreckt, es werden Unmengen von Staatsanleihen, Unternehmensanleihen und sogar Aktien gekauft – nur um Staaten und Unternehmen in die Lage zu versetzen, Zinszahlungen auf einen ständig wachsenden Schuldenberg zu leisten.

Nachdem in den ersten zehn Jahren nach der Krise von 2007/2008 bereits mehr als zehn Billionen US-Dollar in das System geflossen sind und neben Banken, Versicherungen und Großkonzernen ganze Staaten künstlich am Leben erhalten werden, ist kein Ende dieser Manipulation abzusehen. Im Gegenteil: Die Manipulation ist fester Bestandteil des Systems geworden, das System ist zum Überleben auf sie angewiesen. Das gesamte globale Finanzgebäude ist dabei so zerbrechlich geworden, dass jede größere Marktkorrektur (die früher zum ganz normalen konjunkturellen Auf und Ab gehörte) vermieden werden muss. Der Schuldenberg ist größer als je zuvor, der Bereich der Derivate weiterhin unkontrolliert und daher unbeherrschbar und kann bei jedem Einbruch der Märkte unvorhersehbare Folgen haben.

Wir sind in eine historische Phase eingetreten, in der es nur noch bergauf gehen darf, weil jede stärkere Abwärtsbewegung das gesamte System zum Einsturz bringen könnte. Gleichzeitig aber haben die globalen Schulden den Punkt der Rückzahlbarkeit längst überschritten und die beiden Mittel der Geldschöpfung und des Senkens der Zinsen sind inzwischen weitgehend ausgereizt. Aus diesem Grund steuern wir unerbittlich auf den Punkt zu, an dem der Finanz-Tsunami ausgelöst wird. Oder gibt es möglicherweise weitere Mittel ihn hinauszuzögern?

In der Tat gibt es vier denkbare Optionen, die aber alle eines gemeinsam haben: Sie beseitigen die grundlegenden Probleme nicht, sondern bewirken bestenfalls eine weitere zeitliche Verzögerung und wirken dadurch langfristig sogar noch krisenverstärkend. Zudem können zwei von ihnen für die Menschheit verheerende Folgen haben.

Option 1: Der IWF greift mit eigener Währung ein.

Bereits in der Krise von 2007/2008 hat die mächtigste Finanzorganisation der Welt, der IWF, mit seiner eigenen Währung, den nur zwischen Staaten gehandelten »Sonderziehungsrechten« (SZR), eingegriffen. Da fast alle Länder der Erde dem IWF angehören und er selbst die drittgrößten Goldreserven der Welt besitzt, könnte ein Einsatz der SZR als Ersatz für den strauchelnden US-Dollar den Zusammenbruch des globalen Finanzsystems zumindest vorübergehend zeitlich hinausschieben.

Die entscheidende Frage ist allerdings die politische Durchsetzbarkeit, da viele Mitgliedsstaaten einander widersprechende Interessen haben, die durch die kontinuierliche Verschärfung der Krise immer härter aufeinanderprallen. Es ist daher sehr gut möglich, dass dieser Versuch an den Differenzen zwischen verschiedenen IWF-Mitgliedern scheitern wird.

Option 2: Helikoptergeld

Da die Massenkaufkraft wegen der vielen Sparmaßnahmen, der weitgehend hohen Arbeitslosigkeit und der stagnierenden oder sinkenden Reallöhne immer stärker nachlässt, haben Finanzexperten vorgeschlagen, die Wirtschaft durch direkte Geldgeschenke an die Konsumenten (»Helikoptergeld«) zu beleben. Auch das von einigen Staaten wie Finnland und der Schweiz überraschend ins Gespräch gebrachte Mindesteinkommen zielt in diese Richtung. Das heißt: Die Zentralbank würde Geld drucken, das nicht mehr in die Hände der Finanzindustrie, sondern direkt als staatliche Zuwendung ohne Gegenleistung in die Hände der Bürger fließt.

Was zunächst aufhorchen lässt, weil es sich wie eine soziale Initiative zur Beseitigung der Ungleichheit und der Armut anhört, entpuppt sich beim genauerem Hinsehen als die vermutlich letzte Verzweiflungstat, zu der Finanzindustrie und Politik greifen könnten, um das System noch eine Weile am Leben zu erhalten. »Helikoptergeld« würde nämlich durch den Konsum in die Realwirtschaft fließen, dort wegen der erhöhten Nachfrage die Inflation anheizen und wäre somit bei längerer Anwendung der sichere Weg in die Hyperinflation. Leidtragende wären langfristig einmal mehr die von ihrer Arbeit lebenden oder auf soziale Zuwendungen angewiesenen Menschen, Profiteure dagegen diejenigen, die auf hohen Schuldenbergen sitzen.

Option 3: Der Rückgriff auf Diktaturen

Unpopuläre Maßnahmen lassen sich auf Dauer nur gegen den Willen der Bevölkerung durchsetzen. Im Extremfall müssen die Herrschenden die Opposition aus dem Weg räumen, auf den Gewaltapparat des Staates oder politischer Organisationen zurückgreifen und auf diese Weise Militärdiktaturen oder faschistische Regimes errichten. Unter ihnen wäre auch die Durchsetzung von Bail-ins und einmaligen Steuerabgaben denkbar. Das weltweite Erstarken populistischer Bewegungen, die nach derartigen radikalen Maßnahmen lechzen, ist ein eindeutiger Trend in diese Richtung. Die Wahl Donald Trumps zum US-Präsidenten zeigt, wie weit diese Entwicklung bereits vorangeschritten ist: Er ist der erste US-Präsident, der sich auf eine große außerparlamentarische und – wegen der laxen Waffengesetze der USA – weitgehend bewaffnete Bewegung stützen kann.

Viele dieser Bewegungen täuschen ihre Anhänger, indem sie während ihres Aufstieges heftige Kritik am großen Geld üben und sich als »Feinde des Establishments« ausgeben. Diese Haltung wird aber mit der Machtübernahme umgehend fallen gelassen. Erinnern wir uns: Donald Trumps »Kampf gegen den Sumpf« endete in der Wahlnacht. Heute regieren in Washington die Wall Street und das Militär.

Ein weiteres Merkmal dieser Bewegungen ist die Präsentation eines Sündenbockes, der von den wahren Schuldigen an der Misere ablenken soll. Sind es in Amerika illegale Immigranten, so sind es in Europa die vor allem aus Kriegsgebieten stammenden Flüchtlinge, die pauschal von Opfern zu Tätern gemacht werden.

Da die Möglichkeiten, den Zusammenbruch des Finanzsystems ohne Anwendung von Gewalt weiter hinauszuschieben, beständig abnehmen, wird diese Variante immer wahrscheinlicher.

Option 4: Krieg

Eine der Grundlehren der Geschichte lautet: Kein Regime gibt seine Macht jemals freiwillig ab. Das wird im Fall der USA nicht anders sein, deren weltweite Vorherrschaft sich bis vor einigen Jahren auf drei Säulen stützte: ihre wirtschaftliche, finanzielle und militärische Dominanz.

Zwei dieser drei Säulen weisen bereits gewaltige Risse auf. Global führende Wirtschafts- und Handelsmacht ist mittlerweile China, das weltweit immer mehr Einfluss gewinnt und die Vormachtstellung der USA zunehmend untergräbt. Der Petrodollar bröckelt und konnte schon im Fall des Irak und Libyens nur mit Gewalt aufrechterhalten werden. Die zwischen Russland und China abgeschlossenen Energieabkommen, die Aufnahme des Yuan in den Währungskorb des IWF und die zunehmenden Spannungen innerhalb der OPEC sind Vorboten vom Ende der Petrodollar-Ära, mit der auch die globale finanzielle Dominanz der USA endet.

Es bleibt also nur die dritte Säule, die militärische Dominanz. Der Rüstungsetat der USA ist so groß wie die Etats von China, Russland, Saudi-Arabien, Indien, Frankreich, Großbritannien, Japan und Deutschland zusammengenommen. Seit der Wahl Donald Trumps sitzen zahlreiche Militärs direkt an den Hebeln der Macht – in einer Zeit, in der das Land mit über 20 Billionen Dollar verschuldet ist und mehr als 50 Millionen seiner Einwohner von Essensmarken leben.

Ein Krieg würde riesige Summen in die Hände der Rüstungs- und Finanzindustrie spülen, die lahmende Produktion beleben, Arbeitsplätze schaffen und die Aufmerksamkeit des Volkes auf äußere Feinde lenken. Aus dieser Perspektive ist er also durchaus denkbar. Mögliche Kriegsziele wären China und Russland als größte Gefahr für den Dollar sowie der Nahe Osten – zum einen aus geostrategischen Gründen, zum anderen wegen des anhaltend niedrigen Ölpreises.

Ein Krieg gegen China und/oder Russland würde in der US-Bevölkerung vermutlich auf großen Widerstand treffen. Die Ausweitung des Krieges im Nahen Osten unter dem Vorwand, den IS endgültig zu vernichten, hätte wahrscheinlich erheblich größere Chancen, von der Mehrheit der Amerikaner akzeptiert zu werden und würde der US-Finanzindustrie sehr gelegen kommen: Sie hat Kredite in dreistelliger Milliardenhöhe an die Fracking-Industrie vergeben, die zurzeit wegen des niedrigen Ölpreises nicht zurückgezahlt werden können. Die Zerstörung einer größeren Anzahl von Ölquellen im Nahen Osten würde den Preis auf Grund der Verknappung des Angebotes mit Sicherheit in die Höhe treiben, das Fracking wieder profitabel machen und die Rückzahlung der Kredite ermöglichen.

Je kritischer die wirtschaftliche und finanzielle Lage der USA wird, umso wahrscheinlicher ist es, dass sich die Regierung in Washington für die Option eines Krieges entscheidet.. Da auch andere Großmächte, deren Rüstungsausgaben ja ebenfalls kontinuierlich steigen, versucht sein werden, einen Teil der eigenen Probleme durch ein Eingreifen ins Kriegsgeschehen zu lösen oder zumindest von ihnen abzulenken, könnte jede militärische Auseinandersetzung innerhalb kurzer Zeit einen Flächenbrand auslösen, der im schlimmsten Fall in den Dritten Weltkrieg münden würde.

22. WAS PASSIERT, WENN DER TSUNAMI EINSETZT?

Das Sprichwort »Totgesagte leben länger« dürfte auf wenige Dinge so sehr zutreffen wie auf das globale Finanzsystem. Bereits 1971, nach der Abkopplung des US-Dollars vom Gold, wurde sein unmittelbar bevorstehendes Ende vorausgesagt. Nach den Krisen der achtziger und neunziger Jahre hieß es immer wieder, seine Tage seien gezählt. Seit der Jahrtausendwende lebt eine ganze Industrie davon, Jahr für Jahr seinen Untergang anzukündigen.

Die nicht eingetretenen Prophezeiungen erinnern fatal an Aesops Fabel vom Hirtenjungen, der bei den Bewohnern seines Dorfes mehrmals falschen Alarm auslöst und dessen wirkliche Notsituation von ihnen am Ende nicht erkannt wird. Da die überwiegende Mehrheit der Menschen die Untergangsvoraussagen mittlerweile nicht mehr ernst nimmt, wird der tatsächliche Zusammenbruch des Finanzsystems sie vollkommen unvorbereitet treffen.

Wieso aber ist es überhaupt gelungen, das System so lange künstlich am Leben zu erhalten? Henry Ford, Gründer der *Ford Motor Company*, dürfte den Nagel bereits vor mehr als einhundert Jahren auf den Kopf getroffen haben, als er sinngemäß sagte: »Es ist gut, dass die Menschen der Nation unser Banken- und Geldsystem nicht verstehen, denn sonst hätten wir vermutlich noch vor morgen früh eine Revolution.«[83] Fords Grundaussage gilt auch heute noch: Die meisten von ihrer Arbeit lebenden Menschen durchschauen das System nicht. Sie waren deshalb auch nicht in der Lage, sich wirkungsvoll gegen die Maßnahmen zu wehren, die seit Jahrzehnten zu seinen Gunsten und zu ihrem Nachteil getroffen wurden. Diese Passivität wiederum hat ihre Gegenspieler ermutigt, immer offensiver vorzugehen und sich schlussendlich jede denkbare Manipulation zu erlauben.

Wer hätte sich je vorstellen können, dass es eines Tages Negativzinsen geben würde? Dass Banken ihren Kunden für Geld, das ihnen als Einlage zur Verfügung gestellt wird, nichts geben, sondern etwas nehmen? Dass Schuldenmachen belohnt, Sparen bestraft und dass das Bargeld schrittweise abgeschafft wird? Dass Zentralbanken ernsthaft überlegen, Helikoptergeld abzuwerfen – nicht etwa aus humanitären Gründen, sondern um das Absterben der vor sich hinsiechenden Realwirtschaft zu verhindern?

So surreal diese Maßnahmen klingen, sie alle haben dazu beigetragen, ein sehr reales Ziel zu erreichen: ein totes System, von dem nur noch eine winzige Minderheit profitiert, so lange wie möglich künstlich am Leben zu erhalten. Aber wie lange noch? Und was dann? Wie wird der Zusammenbruch aussehen? Was wird ihn auslösen? Welche Folgen wird er haben?

Es gibt zahllose Faktoren, die einen Crash auslösen können. Das Platzen von Blasen an den Aktien- und Anleihemärkten wird bereits seit Längerem durch Aufkäufe der Zentralbanken verhindert[84], allerdings mit krisenverstärkendem Nebeneffekt: Die Blasen wachsen weiter, das Geld wird schleichend entwertet, die soziale Ungleichheit wächst. Ein wirtschaftliches oder politisches Großereignis könnte jederzeit eine schwer zu beherrschende Verkaufswelle und damit einen Crash auslösen. Wie sehr die Verantwortlichen diese Variante fürchten, zeigt das Verhalten der BIZ: Sie nimmt in systemkritischen Situationen direkten Kontakt zu den Notenbanken auf, um deren Eingriffe bei größeren Marktbewegungen zu koordinieren. Ein jüngeres Beispiel hierfür ist die Brexit-Entscheidung vom Juni 2016, nach der die Zentralbanken fast eine Woche brauchten, um die Märkte zu stabilisieren.

Träte durch den Zusammenbruch eines Finanzinstitutes, eines Konzerns oder gar eines Landes der gefürchtete Dominoeffekt ein, würden die Zentralbanken vermutlich sofort eingreifen und sämtliche Märkte mit frischem Geld fluten. Allerdings würden die Rettungssummen alles übersteigen, was wir bisher gesehen haben. So müssten die 1998 zur Rettung von LTCM eingesetzten 4 Milliarden Dollar beim derzeit weltgrößten Hedgefonds *Blackrock* mehr als verfünffacht werden: *Blackrock* verfügte im März 2017 über ein Eigenkapital von über 20 Milliarden Dollar und verwaltete Vermögenswerte von über 5,12 Billionen Dollar, das Anderthalbfache des deutschen Bruttosozialproduktes.

Wäre eine solche Rettung überhaupt zu schaffen? Das kann niemand sagen, denn den Zentralbanken stehen im Notfall neben den eigenen Kapazitäten noch weitere Eingriffsmöglichkeiten zur Verfügung. Die FED zum Beispiel verfügt über mindestens zwei »schwarze Kassen«. Die bereits 1988 unter Ronald Reagan gegründete »**President's Working Group on Financial Markets**« (Finanzmarkt-Arbeitsgruppe des Präsidenten), auch »**Plunge Protection Team**« (PPT, zu deutsch: Team zum Schutz vor Börsenabstürzen) genannt, manipuliert fernab der Öffentlichkeit in Krisenzeiten vor allem die Aktienmärkte durch Stützkäufe.

Der **Exchange Stabilization Fund** (ESF, zu deutsch: Börsenstabilisierungsfonds) wurde in den dreißiger Jahren mit dem Gewinn der US-Regierung aus der Enteignung privater Goldbesitzer gegründet, arbeitet seit acht Jahrzehnten unter strikter Geheimhaltung, ist nur dem US-Präsidenten und dem US-Finanzminister auskunftspflichtig und gilt als größte schwarze Kasse der Welt. Sie soll Insider-Berichten zufolge in den vergangenen Jahren unter anderem durch die Goldbestände der Ukraine und Libyens aufgefüllt worden sein.

Die EZB hat zwar keine solchen Helfershelfer, kann sich aber auf die nationalen Notenbanken der Eurozone und das mit ihnen abgeschlossene und bis heute geheim gehaltene »**Agreement on Net Financial Assets**« (Anfa) stützen. Es erlaubt den europäischen Notenbanken, die Öffentlichkeit über ihre Anlagetätigkeit und das Ausmaß ihrer Anleihekäufe im Dunkeln zu lassen. Die Bestände müssen nicht ausdrücklich in ihren Bilanzen ausgewiesen, sondern können zusammen mit anderen

Posten angegeben werden – ein Freibrief zur Manipulation, dessen Umfang sich allein bis 2015 auf etwa 700 Milliarden Euro belief.[85]

Es gibt also – außerhalb jeglicher parlamentarischer Kontrolle – Organisationen und Vereinbarungen, die den Zentralbanken helfen, das System am Leben zu erhalten. Aber auch diese Vorkehrungen können nicht verhindern, dass das Geld durch jede einzelne Stützungsmaßnahme weiter entwertet wird. Bevor die daraus folgende Inflation allerdings auf den Alltag durchschlägt, sind auch andere Tsunami-Auslöser denkbar: Zum Beispiel Armutsaufstände, durch pure Gerüchte ausgelöste Banken-Runs oder politische Unruhen, die dazu führen könnten, dass verschiedene Zentralbanken sich nicht auf ein gemeinsames Vorgehen einigen können oder gar gegeneinander handeln.

Entscheidender Faktor ist dabei nicht so sehr der einzelne Auslöser, sondern der Zeitpunkt, zu dem das Vertrauen in das bestehende System verloren geht. Wird dieser Punkt erreicht, werden die dramatischen Folgen jahrzehntelangen unkontrollierten Schuldenmachens schlagartig einsetzen: Die globalen Zahlungsströme werden weitgehend zum Erliegen kommen, weil sich alle Marktteilnehmer gegenseitig misstrauen und vergebene Kredite einfordern werden. Das wiederum wird zu »**bank holidays**« führen, also der vorübergehenden Schließung von Banken. Deren Folge werden Hamsterkäufe und das Ausbleiben von Nachschub vor allem im Bereich der Lebensmittel, Engpässe in der Energieversorgung, der Zusammenbruch kleiner und mittelständischer Betriebe und schlussendlich der Kollaps der staatlichen Ordnung sein.

Am härtesten wird es die Teile der Bevölkerung treffen, die über die geringsten Reserven verfügen. Ihre Situation wird sich nach der Wiedereröffnung der Banken sogar noch verschlimmern, da diese mit Währungsabwertungen einhergehen wird. Hiervon wäre insbesondere die US-Bevölkerung betroffen, da der Kurs des US-Dollars unter gar keinen Umständen zu halten wäre.

Um sich die Szenarien nach einem Crash vorzustellen, muss man nur auf die jüngeren Krisenerfahrungen in Zypern, Griechenland und vor allem in Indien zurückgreifen. In Zypern und Griechenland blieben die Banken im Zug der Eurokrise wochenlang geschlossen, die Menschen durften nur Bagatellbeträge von ihren Konten abheben, die meisten Geldautomaten waren schon nach kurzer Zeit leer. Wer über keine Bargeldreserven verfügte, wurde innerhalb weniger Tage zahlungsunfähig, wer bei der *Bank of Cyprus* mehr als 100.000 Euro auf seinem Konto hatte, fand nach der Wiedereröffnung der Banken nur noch etwas mehr als die Hälfte seines Geldes vor.

Noch extremer ist das Beispiel Indien, der immerhin siebtgrößten Volkswirtschaft der Welt. Dort hat die Regierung – ganz ohne einen Crash – zu den bisher drastischsten Maßnahmen im Bereich der Währungsreform und der Bargeldabschaffung gegriffen. Im November 2016 erklärte sie die Geldscheine über 500 und 1.000 Rupien und damit 86 % des im Umlauf befindlichen Bargeldes von einem Tag auf den anderen für ungültig. Da der Eintausch gegen neue Noten nur gegen Vorlage eines Ausweises möglich war, bedeutete die Maßnahme für etwa 300 Millionen arme Inder, die ohne Papiere leben, die komplette Enteignung. Die Aktion dürfte weltweit der in Friedenszeiten bisher härteste Schlag gegen den Mittelstand und die Armen gewesen sein. Er war in Zusammenarbeit mit den USA vorbereitet worden[86] und kann mit großer Sicherheit als Testlauf für den Rest der Welt betrachtet werden.

Den größten Absturz werden im Fall eines globalen Crashs auf jeden Fall die USA erleben. Dort haben sich seit 2007 neben den Blasen an den Aktien-, Anleihen- und Immobilienmärkten weitere riesige Blasen im Gebrauchtwagenmarkt und bei Studentenkrediten gebildet, die eine ähnliche Wirkung wie die Subprime-Hypothekenkrise von 2006 entfalten könnten. Da Aktien bei Sparern und bei der (privaten und betrieblichen) Altersversorgung in den USA traditionell eine sehr große Rolle spielen, muss bereits seit Längerem jede auch noch so geringe Korrektur der Aktienmärkte verhindert werden. Ein Crash würde 250 Millionen Amerikaner, von denen ca. achtzig Prozent über Rücklagen von weniger als 1.000 Dollar verfügen, um einen großen Teil ihrer Ersparnisse bringen und 50 Millionen Senioren auf einen Schlag in Armut stürzen. Bedenkt man, dass mindestens ebenso viele US-Bürger auf Essensmarken angewiesen sind, kann man sich ausmalen, welche soziale und politische Katastrophe auf die ehemalige Supermacht zukäme.

Die Wahl Donald Trumps zum Präsidenten der USA war mit Sicherheit kein Zufall. Die USA sind an einem Wendepunkt angekommen, an dem der Parlamentarismus wegen zu erwartender sozialer Unruhen für die Finanzindustrie keine verlässliche Stütze mehr darstellt. Trump ist der erste Präsident, der im Ernstfall auf eine außerparlamentarische, weitgehend faschistische und zu großen Teilen bewaffnete Bewegung zurückgreifen kann. Die Zusammensetzung seines Kabinetts spiegelt bereits die zukünftige Entwicklung der USA wider, deren Schicksal bis zum endgültigen Zusammenbruch nur noch von zwei Kräften entschieden werden wird – der Wall Street und dem Militär.

23. SIND WIR MACHTLOS?

Ist es angesichts der ungeheuren Macht, die die Finanzelite in den vergangenen einhundert Jahren erlangt hat, nicht vermessen zu glauben, sie erfolgreich bekämpfen zu können? Auf den ersten Blick scheint das der Fall. Doch unsere historische Analyse hat ergeben: Das Finanzsystem befindet sich seit der Krise von 2007/2008 in seinem Endstadium. Die Maßnahmen, die in der Vergangenheit zu seiner Stützung unternommen wurden, sind weitgehend erschöpft. Die noch verbleibenden Maßnahmen werden die Mehrheit der Menschen noch stärker verarmen, die soziale Ungleichheit weiter vergrößern und das System zusätzlich destabilisieren.

Um die eigene Macht zu erhalten, wird die Finanzelite deshalb gezwungen sein, zu immer härteren Mitteln zu greifen. Da sie bereits mit dem Rücken zur Wand steht, bleibt ihr kein Spielraum mehr für wirtschaftliche oder gesellschaftliche Zugeständnisse. Will sie das Heft nicht aus der Hand geben, muss sie die Politik zwingen, den Sparkurs auf Dauer und in immer höherem Tempo zu verschärfen, die Sozialausgaben über die Schmerzgrenze hinaus zu senken und die verbliebenen demokratischen Rechte noch radikaler als bisher abzubauen.

Damit treten wir in eine geschichtliche Periode ein, in der die immer offener zutage tretende Gier der Finanzelite und der immer schwierigere Überlebenskampf der arbeitenden Menschen zu einem auf unabsehbare Zeit anhaltenden Aufeinanderprallen der Gegensätze führt – der ideale Nährboden für Aufstände, Revolutionen, aber auch für eine Offensive der Aufklärung.

Der Anfang ist bereits gemacht: Wir erleben seit 2007/2008 eine tiefgreifende Veränderung im Bewusstsein der Menschen. Die zum Teil erdrutschartigen politischen Veränderungen – der gewaltsam niedergeschlagene Arabische Frühling, die Entscheidung der Briten gegen die EU, die Wahl Donald Trumps zum US-Präsidenten, das Erstarken nationalistischer Bewegungen, sowie das zunehmende Misstrauen gegen die Mainstream-Medien – sind deutliche Anzeichen dafür, dass die Menschen alte Denkmuster ablegen und händeringend nach einer neuen Orientierung suchen.

Finanzelite, Medien und Politik nehmen diese Entwicklung selbstverständlich nicht tatenlos hin: Sie werden wie in der Vergangenheit nichts unterlassen, um die Suche der Menschen nach neuen Ansätzen zu beeinflussen, zu manipulieren und zugunsten des Systems zu kanalisieren. Gerade deshalb ist es wichtig, vor den gefährlichsten Trugschlüssen zu warnen.

Das Märchen vom »Reset«

Die Anhänger dieser Theorie gehen davon aus, dass ein Crash uns alle treffen und einen Neustart unter den Bedingungen größerer Gleichheit ermöglichen wird. Einige von ihnen verweisen auf die deutsche Währungsreform von 1948, bei der jeder Bürger vom Staat vierzig Mark erhielt.

Der historische Vergleich hinkt, denn die Gleichmacherei durch die Währungsreform bezog sich ausschließlich auf das zugeteilte Bargeld. Wer Sachwerte besaß, behielt diese und konnte seinen Bargeldbestand durch ihren Verkauf jederzeit aufbessern. Große Vermögen in Form von Banken und Industriekonzernen, sowie Grund-, Immobilien- oder Aktienbesitz behielten ihren Wert und wurden nach wie vor weitervererbt, so dass sich an der Kluft zwischen Arm und Reich trotz der Währungsreform nichts änderte.

Zudem sollte niemand glauben, die Finanzelite habe die Entwicklung der vergangenen Jahre verschlafen. Im Gegensatz zur überwiegenden Mehrheit der Bevölkerung ist sie sich über den zerbrechlichen Zustand der gegenwärtigen Ordnung sehr wohl bewusst und bereitet sich systematisch auf jede Eventualität vor: Sie investiert in Sachwerte wie Edelmetalle, Immobilien und Produktionsbetriebe, sichert sich Rückzugsorte, lässt sich für den Fluchtfall ausländische Pässe ausstellen und beschäftigt zu ihrer Sicherheit ganze Privatarmeen. Die Finanzelite ist auf das Chaos nach einem Crash um vieles besser vorbereitet als der Rest der Gesellschaft.[87]

Die Theorie vom »Reset« spielt ihr hervorragend in die Hände, da sie ihre Kritiker ja zum Abwarten und damit zur gesellschaftlichen und politischen Passivität animiert.

Die Hoffnung auf das Licht aus dem Osten

Im Juli 2014 gründeten Brasilien, Russland, Indien, China und Südafrika (nach ihren Anfangsbuchstaben auch »BRICS«-Staaten genannt) die ***New Development Bank*** (NDB, deutsch: Neue Entwicklungsbank). Im Dezember 2015 wurde auf Initiative Chinas die ***Asian Infrastructure Investment Bank*** (AIIB, deutsch: Asiatische Infrastrukturinvestmentbank) ins Leben gerufen.

Da beide Organisationen offensichtlich in Konkurrenz zu den bestehenden Bretton-Woods-Organisationen IWF und Weltbank stehen, sehen zahlreiche Kritiker des globalen Finanzsystems sie als den möglichen Beginn einer neuen finanziellen Weltordnung.

Tatsächlich aber stellen beide Banken keine ernsthafte Bedrohung für das bestehende Dollarsystem dar: Sowohl NDB als auch AIIB betreiben ihre Geschäfte auf der Grundlage der US-Währung und werden das auch in der näheren Zukunft tun. Drei der Gründungsmitglieder der NDB – Brasilien, Indien und Südafrika – befinden sich fest in den Fängen der Weltbank und des IWF und sind in ihrer Geldpolitik deren Vorgaben unterworfen. China als wirtschaftlich stärkstes Mitglied beider Organisationen hält US-Staatsanleihen in Billionenhöhe und ist daher – zumindest mittelfristig – aus reinem Eigeninteresse nicht an der Zerstörung des Dollarsystems interessiert.

Trotzdem birgt die Gründung von NDB und AIIB langfristig die Möglichkeit, sich vom US-Dollar abzuwenden und Geschäfte in anderen Währungen abzuschließen. Bedenkt man allerdings, wie die USA in Iran, Irak und Libyen den Angriff auf ihre Währung beantwortet haben, so kann man sich kaum vorstellen, dass ein solcher Prozess – insbesondere unter Präsident Trump – ohne schwerste Verwerfungen bis hin zur Kriegserklärung ablaufen würde.

Das Warten auf politische Reformen

Immer wieder treten einzelne Politiker aus den Reihen ihrer Zunft heraus, um »näher an die Menschen zu rücken«, »frischen Wind« in das Alltagsgeschäft zu bringen und das System zugunsten der Allgemeinheit »neu zu gestalten«. Vor allem in Wahlzeiten wird dabei auch gern versprochen, die »Finanzindustrie in die Schranken zu weisen« oder »gegen die Exzesse an den Finanzmärkten« vorzugehen.

Egal was einzelne Politiker versprechen: Der gesamte Politikbetrieb ist über Jahrzehnte hinweg nicht nur den Interessen der Finanzelite untergeordnet, sondern ihren Wünschen und Bedürfnissen stromlinienförmig angepasst worden. Wahlen spiegeln nicht den Willen der Menschen wider, sondern werden vom großen Geld in Zusammenarbeit mit den Medien manipuliert. Politiker sind, wie der Fall Griechenland mehr als deutlich gezeigt hat, vom Wohlwollen der Zentralbanken und damit von den Statthaltern der Finanzelite abhängig.

Die Spielräume, die früher von der Politik für Reformen genutzt wurden, gibt es in der gegenwärtigen Phase des Finanzsystems nicht mehr. Versprechen zerplatzen wie Seifenblasen, traditionelle Parteien zerfallen, immer neue Parteien schießen wie Pilze aus dem Boden. Doch egal, welche Versprechungen ihre Vertreter machen, sie alle sind zum Scheitern verurteilt, denn das Diktat der Finanzelite lässt in seiner Endphase keine wirklichen Reformen mehr zu.

Die Karte des Nationalismus

Die Idee des Nationalstaates ist erst im 18. Jahrhundert aufgekommen, viele Nationalstaaten sind erst im 19. Jahrhundert gegründet worden. Deutschland als Nationalstaat existiert erst seit dem Deutsch-Französischen Krieg von 1871, ist also weniger als 150 Jahre alt.

Das Finanzkapital hat bei seinem Siegeszug von Anbeginn an von der Existenz der Nationalstaaten profitiert. Wie wir gesehen haben, hat es die Kriege zwischen ihnen genutzt, um durch Kreditvergabe immer mächtiger zu werden. Zum anderen liefern nationale Differenzen den Vorwand für die seit über einhundert Jahren anhaltende und für die Finanzindustrie höchst lukrative Finanzierung der Rüstungsindustrie.

Der Nationalstaat ist der fruchtbare Boden, auf dem die Finanzelite erst richtig gedeihen konnte und dient ihr auch heute noch als einer ihrer letzten Trümpfe: Die Einteilung der Welt in Nationalstaaten verschafft ihr die Möglichkeit, Gesetze zu umgehen oder einzelne Länder gegeneinander auszuspielen und auf diese Weise immer günstigere Bedingungen für sich zu erzwingen. Auch die für das Finanzkapital eminent wichtigen Offshore- und Steuerparadiese wären ohne die Existenz von Nationalstaaten nicht denkbar.

Obwohl selbst vollständig globalisiert, fördert die Finanzelite die Idee des Nationalismus nach Kräften, und das nicht ohne Grund: Das Wecken nationalistischer Gefühle hilft ihr in vielen Fällen, von den durch sie verursachten Problemen abzulenken. Es schafft Sündenböcke für jede Art von Missständen, verschleiert die tatsächlichen Machtverhältnisse, übertüncht soziale Unterschiede durch den Volksgedanken und entzweit die Gesellschaft, indem es Migranten, Flüchtlinge und Fremdarbeiter zu Feinden erklärt und die Angst vor ihnen schürt. Zudem schafft der Nationalismus einen Vorwand dafür, Militär und Polizei aufzurüsten und die Grenzen abzuschotten – alles Maßnahmen, die nicht – wie behauptet – dem »Schutz vor Überfremdung« oder der Sicherheit der Bevölkerung, sondern ihrer Unterdrückung, ihrer Überwachung und im Krisenfall ihrer besseren Disziplinierung dienen.

Fast immer geben sich nationalistische Bewegungen systemkritisch und als Vorkämpfer des »kleinen Mannes«. Was davon zu halten ist, zeigt sich gegenwärtig besonders deutlich in den USA. Dort hatte Donald Trump den nationalistischen Schlachtruf »Make America great again!« im Wahlkampf mit der Forderung »Drain the swamp!« (Legt den Sumpf trocken!) verbunden. Mit dem Moment der Amtsübernahme wurde die Forderung fallen gelassen und nie wieder erwähnt. Statt eines Kampfes gegen seine Auswüchse erlebt die Welt die bisher größte Offensive zugunsten des von Trump angeprangerten Sumpfes – der Wall Street.

Was aber bleibt…?

Was aber bleibt, wenn so viele Möglichkeiten, sich dem gegenwärtigen System zu widersetzen, keinen Erfolg versprechen? Totale Verweigerung? Resignation? Ein neuer »Marsch durch die Institutionen«? Revolutionäre Aktion? Gewaltsamer Umsturz? Wohl kaum: Verweigerung und Resignation nützen höchstens denen, die das System noch länger aufrechterhalten wollen. Ein Marsch durch die Institutionen ist angesichts des fehlenden Spielraumes für Reformen aussichtslos. Auf revolutionäre Aktion zu setzen, hieße, das Schicksal der Menschen wieder in die Hand einiger weniger zu legen – mit den bekannten Folgen. Zur Gewalt aufzurufen, ist angesichts der herrschenden Machtverhältnisse nicht nur sinnlos, sondern provoziert Gegengewalt und schafft neue Probleme, anstatt alte zu lösen.

Die einzige wirkliche Chance, die explodierende soziale Ungleichheit, den Rüstungswahn und die Plünderung des Planeten Erde zu stoppen, besteht darin, den Schleier der Unwissenheit zu lüften und die Menschen über den wahren Verursacher ihrer Probleme, nämlich das System selbst, aufzuklären. Wer immer es durchschaut, wird erkennen, dass es nicht mit Reformen getan ist, sondern dass wir größere wirtschaftliche, gesellschaftliche und politische Umwälzungen brauchen, um das globale Finanzcasino abzuschaffen, den Wohlstand in der Welt gerechter zu verteilen und kriegerische Auseinandersetzungen ein für allemal zu beenden.

Die Aufgabe, die vor den von ihrer Arbeit lebenden Menschen liegt, mag riesengroß erscheinen, aber sie ist nicht unlösbar. Im Gegenteil: Die Chancen, eine Welt zu schaffen, die nicht perfekt sein muss, in der aber »niemand so reich sein darf, dass er sich einen anderen Menschen kaufen kann und niemand so arm, dass er sich einem anderen verkaufen muss«[88] (Jean-Jacques Rousseau[89]) waren noch nie so groß. Die unerbittliche Verschärfung der Krise und die daraus folgende kontinuierliche Verschlechterung der Lebensverhältnisse machen die Menschen für Neues empfänglich wie nie und die rasante Entwicklung der Informationstechnologie verschafft uns die Möglichkeit, Wahrheiten und Erkenntnisse so schnell wie nie zu verbreiten – eine historisch einmalige Chance.

Wir müssen sie nur nutzen.

ENDNOTEN

1 Paraphrase einer Passage aus Henry Ford: »My Life and Work« (dt.: Leben und Werk) von Charles Binderup, https://en.wikisource.org/wiki/Page:-Congressional_Record_Volume_81_Part_3.djvu/154, letzter Zugriff: 22. Juni 2017

2 Das Wort Finanzen (von lateinisch finire = beenden, eine Schuld begleichen) wird heute als Oberbegriff für alles, was mit Geld zu tun hat, benutzt. Märkte sind Handelsplätze, auf denen Waren ihre Besitzer wechseln. Finanzmärkte sind also Handelsplätze, auf denen ausschließlich Geld den Besitzer wechselt.

3 Geld wird zu Kapital, wenn es zur Produktion von Waren oder zur Spekulation eingesetzt wird und sich dadurch vermehrt. Industriekapital liegt in den Händen von Konzernen und dient der Produktion, Finanzkapital befindet sich großenteils in den Händen von Finanzunternehmen und dient heute hauptsächlich der Spekulation.

4 Als »Nachkriegsboom« gelten die 25 Jahre rasanten globalen Wirtschaftswachstums von 1948 bis 1973.

5 Wir unterscheiden zwischen der Realwirtschaft, in der es um die Produktion und die Verteilung von Waren geht, und der Finanzwirtschaft (dem Finanzsektor), in der es um Zahlungsströme geht.

6 Hedgefonds sind Unternehmen, die das Vermögen ultrareicher Kunden verwalten und durch Spekulation im Finanzsektor zu vermehren versuchen.

7 Zentralbanken (auch Notenbanken genannt) haben als einzige Banken das Recht, Geld zu drucken und den Leitzins (den Zins, zu dem ihr Geld an andere Banken vergeben wird) festzulegen.

8 Oxfam: »An Economy für the 1 %«, veröffentlicht anlässlich des Weltwirtschaftsforums (WEF) in Davos im Januar 2016

9 1 Billion = 1.000 Milliarden

10 Luisa Kroll, Kerry A. Dolan: »The World's Billionaires«. In: Forbes Magazine, 20. März 2017

11 Steueroasen sind Länder oder Gebiete, in denen für dort deponiertes ausländisches Geld wenig oder gar keine Steuern gezahlt werden müssen.

12 Spekulanten verdienen an Abwertungen, indem sie sich in der Fremdwährung verschulden und das geliehene Geld nach der Abwertung zu einem für sie günstigeren Umtauschkurs zurückzahlen. An Aufwertungen verdienen sie, indem sie Kredite vergeben und diese nach der Aufwertung zurückverlangen.

13 Siehe u. a. Marin Katusa: »The Colder War«, John Wiley & Sons, 2014, Jim Rickards: »The Death of Money«, Portfolio, 2014 und auch Kapitel 16.

14 Die Finanzwirtschaft war insbesondere nach dem großen Börsencrash von 1929 wegen der negativen Auswirkungen auf die Realwirtschaft stärker als zuvor reguliert worden.

15 In Deutschland wurden Hedgefonds erst 2004 durch das von der rot-grünen Bundesregierung erlassene »Investment-Modernisierungsgesetz« zugelassen.

16 Um den Hebeleffekt auszulösen, muss der Marktteilnehmer z. B. einen zu besonders günstigen Bedingungen aufgenommenen Kredit in die Spekulation mit einbeziehen. Er erhöht so die eigenen Gewinnchancen, aber auch das eingegangene Risiko.

17 Daniel Schäfer: »Der Schock durch den Fonds der Nobelpreisträger«. In: Frankfurter Allgemeine Zeitung, 13. März 2008, http://www.faz.net/aktuell/finanzen/fonds-mehr/historische-finanzkrisen-ltcm-1998-der-schock-durch-den-fonds-der-nobelpreistraeger-1236212.html, letzter Zugriff: 22. Juni 2017

18 Einzige Ausnahme: Die Investmentbank *Bear Stearns*

19 Die Banken erwarben 90 % der Anteile von LTCM.

20 Zum Platzen einer Blase kommt es, wenn ein Markt »überhitzt«, also so weit über seinen tatsächlichen Wert steigt, dass Anleger skeptisch werden,

in großen Mengen verkaufen (es zu einem »Run« auf den Markt kommt) und die Kurse oder Preise deshalb in kurzer Zeit einbrechen.

21 Im Englischen spricht man von einem »race to the bottom« (»Wettrennen nach unten«).

22 Details hierzu in dem Buch »The Summit« von Ed Conway, erschienen bei Little, Brown, 2014

23 Ein Gläubiger verleiht Geld oder vergibt Kredite, ein Schuldner leiht sich Geld oder nimmt Kredite auf.

24 Der Kongress, das Parlament der USA, besteht aus zwei Kammern, dem Senat und dem Repräsentantenhaus.

25 Abgeleitet von dem japanischen Wort »taikun« = weltlicher Herrscher

26 Auslöser des Krieges (auch Sezessionskrieg = Abspaltungskrieg genannt) war der Austritt von elf Südstaaten aus der amerikanischen Union anlässlich der von Präsident Abraham Lincoln angekündigten Abschaffung der Sklaverei.

27 Die aufgeführten Personen entsprechen den von der FED selbst veröffentlichten Angaben. Verschiedenen – nicht zweifelsfrei belegten – Quellen zufolge waren auch Benjamin Strong, Vorstand der *J. P. Morgans Bankers Trust Company* und Charles D. Norton, Präsident der *First National City Bank of New York*, anwesend.

28 Die *Bank of England* (BoE) wurde 1694 von einer Gruppe privater Geldgeber, die der Regierung einen Kredit gewährten, gegründet und befand sich bis zu ihrer Verstaatlichung im Jahr 1946 in Privatbesitz.

29 Siehe dazu: »Aldrich sees Bryan back of money bill«. In: New York Times, 16. Oktober 1913, http://query.nytimes.com/mem/archive-free/pdf?res=9500E7DC133FE633A25755C1A9669D946296D6CF

30 Eine ausführliche Diskussion der Plausibilität und historischen Umgebung des Zitats findet sich unter https://en.wikiquote.org/wiki/Talk:Woodrow_Wilson#Senate_Document_23, letzter Zugriff: 22. Juni 2017.

31 Die Vorschrift, dass der US-Finanzminister gleichzeitig Vorsitzender der FED sein sollte, wurde 1935 abgeschafft.

32 Keine dieser Familien ist in der Forbes-Liste der 500 reichsten Menschen der Welt vertreten.

33 Diese Steuer wurde später abgeschafft und durch eine »Lizenzgebühr« ersetzt.

34 Persönliches Schreiben von John Pierpont Morgan an Präsident Woodrow Wilson, 4. September 1914. In: »The papers of Woodrow Wilson.«, Bd. 30. Hg. von Arthur S. Link, Princeton University Press, 1979

35 Als »Weimarer Republik« bezeichnet man Deutschland in der Zeit von 1919 bis 1933, also nach dem »Kaiserreich« (seit 1871) und vor dem »Dritten Reich« (1933–1945)

36 Das Gegenteil der Inflation ist die Deflation: Das Sinken der Preise auf breiter Front führt zu geringeren Gewinnen in der Wirtschaft und zu geringeren Steuereinnahmen des Staates. Beides erschwert den Abbau von Schulden und wird deshalb von Regierungen und Finanzelite gefürchtet und bekämpft.

37 1 Billiarde = 1.000 Billionen

38 Zwischen 1921 und 1929 brachen in den USA jährlich mehr als 600 kleine Banken zusammen.

39 Die SA (Sturmabteilung) und die ihr unterstellte SS (Schutzstaffel) waren paramilitärische Kampforganisationen der NSDAP.

40 Die Namensgebung »Bolschewisten« (»Mehrheitler«) war bereits eine Irreführung, da die Gruppe nur bei einer einzigen Abstimmung im Jahre 1903 innerhalb der damaligen SDAPR (*Sozialdemokratische Arbeiterpartei Russlands*) die Mehrheit erzielen konnte.

41 Belegt u. a. im Memorandum des deutschen Außenministers Richard von Kühlmann an Kaiser Wilhelm II. vom 3. Dezember 1917, enthalten in den Akten des Auswärtigen Amtes und in einem Transkript online zugänglich unter http://www.zeit.de/1957/26/lenins-deutsche-millionen/komplettansicht, letzter Zugriff: 23. Juni 2017.

42 Siehe hierzu das Buch »Russisch Roulette« von Gerhard Schiesser und Jochen Trauptmann, Verlag das Neue Berlin, 1998

43 Noch im April 1917 hatte Lenin geschrieben: »Wenn die revolutionäre Klasse Russlands, die Arbeiterklasse, an der Macht sein wird, dann muss sie den Frieden anbieten. Und wenn die deutschen Kapitalisten oder die eines beliebigen anderen Landes unsere Bedingungen ablehnen, dann wird sie ganz für den Krieg sein.« (Lenin, »Krieg und Revolution«, Deutscher Militärverlag, 1970)

44 In seinem im August und September 1917 verfassten Pamphlet »Staat und Revolution« hatte Lenin noch geschrieben, dass die Funktionäre nach der erfolgreichen Revolution nicht mehr als einen Arbeiterlohn erhalten und zu den Bedingungen eines Facharbeiters leben würden.

45 Die Räte (russisch: Sowjets) waren basisdemokratische Organisationen, in denen sich Arbeiter und Bauern in den Revolutionen von 1905 und 1907 zusammengeschlossen hatten.

46 George Orwell hat die Pervertierung der eigenen Ideale durch die Bolschewisten in dem Buch »Animal Farm« (»Die Farm der Tiere«) glänzend dargestellt.

47 Besonders verheerend wirkte sich die These vom »Sozialfaschismus« aus, die ab 1925 von der Führung der UdSSR vertreten wurde. Sie besagte, dass ihre Verbündeten nicht die Faschisten, sondern die Sozialdemokraten als ihren Hauptfeind betrachten sollten.

48 Dass es sich bei der sprichwörtlichen »Kriegsbegeisterung« der Deutschen 1914 um interessengesteuerte historische Fiktion handelt, belegen unter anderen der deutsche Historiker Wolfgang Kruse (»Der Erste Weltkrieg«, wbg, 2014) und sein amerikanischer Kollege Jeffrey Verhey («Der ›Geist von 1914‹ und die Erfindung der Volksgemeinschaft, Hamburger Edition HIS, 2000).

49 Die Erzeugung flüssiger Kohlenwasserstoffe aus fester Kohle

50 Später »*Esso*«, nach dem Zusammenschluss mit *Humble Oil* ab 1972 »*Exxon*«, seit dem Zusammenschluss mit *Mobil Oil* 1999 »*Exxon Mobil*«

51 Quelle: Adam Lebor: »The Tower of Basel«, Public Affairs, 2013.

52 Die Annexion (gewaltsame Aneignung) Österreichs durch Deutschland wurde von den Nationalsozialisten beschönigend »Anschluss« genannt.

53 Als »Drittes Reich« gilt Deutschland in der Zeit von 1933–1945. Die Nationalsozialisten selbst sprachen vom »Tausendjährigen Reich«.

54 Tatsächlich war diese Aufteilung in einem geheimen Zusatzprotokoll des Nichtangriffspaktes genau festgelegt worden.

55 Im englischen Original: »the final destruction of the Nazi tyranny«. Für Dokumente aus dem Umkreis der »Atlantic Charta« siehe http://avalon.law.yale.edu/subject_menus/atmenu.asp, letzter Zugriff: 27. Juni 2017.

56 Siehe Charles Austin Beard: »Appearances and Realities: President Roosevelt and the Coming of the War, 1941«, Routledge, 2003.

57 Der Begriff »American Century« war von Henry Luce, dem Herausgeber des Nachrichtenmagazins »*Time*« geprägt worden. *Time* hatte in der Medienkampagne zur Unterstützung des US-Kriegseintritts eine führende Rolle gespielt.

58 Die ab 1928 in der UdSSR durchgeführte Enteignung ländlichen Privatbesitzes und seine Überführung in Zwangsgenossenschaften.

59 Von einer Rezession spricht man, wenn sich das Wirtschaftswachstum in zwei aufeinanderfolgenden Quartalen negativ entwickelt.

60 Mao Zedong hatte 1943 die Führung der 1921 gegründeten Kommunistischen Partei Chinas übernommen und als ihr Vorsitzender nach jahrzehntelangem Bürgerkrieg 1949 die »Volksrepublik (VR) China« gegründet. In der VR China wurde nach sowjetischem Vorbild die Marktwirtschaft durch eine staatlich organisierte Planwirtschaft ersetzt.

61 Deutschland war nach dem Zweiten Weltkrieg von den Alliierten in vier Besatzungszonen unterteilt worden. Die amerikanische, britische und französische Zone bildeten ab 1949 die Bundesrepublik Deutschland.

62 US-Präsident Harry Truman am 19. Juli in seiner Radio- und Fernsehansprache zum Koreakonflikt

63 »Chance for Peace«, Rede vor der American Society of Newspaper Editors, gehalten am 16. März 1953, https://www.eisenhower.archives.gov/all_about_ike/speeches/chance_for_peace.pdf, letzter Zugriff: 28. Juni 2017

64 Protektionismus: Die Gesamtheit aller Maßnahmen, die ausländische gegenüber inländischen Produzenten benachteiligen – z. B. Einfuhrbeschränkungen, Einfuhrverbote, Zölle auf Importwaren, Subventionen für heimische Waren, steuerliche Vergünstigungen für heimische Waren.

65 Die vom IWF praktizierte systematische Bindung von Krediten an Bedingungen wird auch als »Konditionalität« bezeichnet.

66 Die BIZ ist auch heute noch exterritoriales Gebiet, d. h. die Polizei hat keinen Zutritt, kein Gericht kann ihre Mitglieder belangen, keine Regierung ihre Geschäfte kontrollieren. Siehe https://www.admin.ch/opc/de/classified-compilation/19870018/index.html#a3, letzter Zugriff: 28. Juni 2017

67 US-Präsident Eisenhower hatte die USA in seiner letzten Fernsehansprache am 17. Januar 1961 vor dem »militärisch-industriellen Komplex« gewarnt.

68 Triffins Voraussage wurde unter Ökonomen als »Triffin-Dilemma« bekannt.

69 Der Ölpreis wurde im Oktober 1973 von 3 auf 5 Dollar erhöht und vervierfachte sich 1974 weltweit bis auf 12 Dollar.

70 Die saudischen Öleinnahmen stiegen zwischen 1970 und 1980 von 2 Milliarden auf 90 Milliarden Dollar. Bereits 1977 hielt Saudi-Arabien zwanzig Prozent aller im Ausland gehaltenen US-Staatsanleihen.

71 Zur Europäischen Wirtschaftsgemeinschaft (EWG), der Vorgängerin der EU, gehörten 1973 die Bundesrepublik Deutschland, Großbritannien, Frankreich, Italien, Belgien, die Niederlande, Luxemburg, Irland und Dänemark.

72 Um die Lohnstückkosten zu ermitteln, teilt man die Arbeitskosten durch die Produktivität.

73 Zum Thema der Hebelung siehe Endnote 16 in Kapitel 2.

74 Basiswerte sind die einem Finanzgeschäft zugrundeliegenden Handelsobjekte, z. B. Waren, Wertpapiere, Devisen, Zinsindexe.

75 Von August 1987 bis Januar 2006 Vorsitzender der FED

76 In der GUS schlossen sich 1991 verschiedene Nachfolgestaaten der Sowjetunion zusammen.

77 Siehe dazu: Michel Chossudovsky: Dismantling Yugoslavia, Colonizing Bosnia. NATO and US Government War Crimes in Yugoslavia. http://globalresearch.ca/articles/CHO202G.html

78 Der Begriff »Achse des Bösen« war im Januar 2002 von Präsident George W. Bush in einer Rede zur Lage der Nation geprägt worden.

79 Drucksache 15/930 vom 7. Mai 2003, http://dip21.bundestag.de/dip21/btd/15/009/1500930.pdf, letzter Zugriff: 28. Juni 2017

80 In Insiderkreisen auch »Ninja«-Kredite genannt für »No Income, No Job, no Assets« (»Kein Einkommen, kein Job, kein Vermögen«)

81 Zur Rolle der Rating-Agenturen siehe Werner Rügemers Buch »Einblicke in die Kapitalmacht der Gegenwart«, transcript verlag, 2012

82 AIG = American International Group, 2007 einer der weltweit größten Versicherungskonzerne

83 Zum historischen Kontext dieser Paraphrase von Henry Ford siehe Endnote 2.

84 Weltweit führend ist die *Bank of Japan*, die 2016 bei 90 % der an der Tokioter Börse gehandelten Aktien zu den Top-Zehn der Aktienbesitzer gehörte. Die *Schweizerische Nationalbank* zählt seit Jahren zu den größten *Apple-* und *Google-*Aktienbesitzern.

85 Siehe Daniel Hoffmanns 2015 erschienene Dissertation «Die EZB in der Krise – Eine Analyse der wesentlichen Sondermaßnahmen von 2007 bis 2012».

86 Die US-Organisation *USAid* hatte erst im Oktober 2016 in Abstimmung mit dem indischen Finanzministerium die Organisation »*Catalyst*« (*Inclusive Cashless Payment Partnership* = Pauschale bargeldlose Zahlungspartnerschaft) gegründet.

87 Siehe z. B. Evan Osnos: »Doomsday Prep for the Super-Rich«. In: New Yorker, 30. Januar 2017, http://www.newyorker.com/magazine/2017/01/30/doomsday-prep-for-the-super-rich, letzter Zugriff: 10. August 2017.

88 Siehe Jean-Jacques Rousseau: Über den Gesellschaftsvertrag oder Grundzüge des Staatsrechts. Zweites Buch, Elftes Kapitel (»Von den verschiedenen Systemen der Gesetzgebung«)

89 Schweizer Philosoph, Naturforscher und Schriftsteller (1712–1778), führender Kopf der Aufklärung.

LITERATURAUSWAHL

Bei den aufgeführten Büchern handelt es sich um Quellen für den vorliegenden Text und um Leseempfehlungen des Autors. Sie sind gut lesbar, setzen fast alle kein wissenschaftliches Fachwissen voraus und können helfen, einzelne im Buch angeschnittene, aber nicht näher behandelte Themen zu vertiefen,

Aaronson, Trevor: »The Terror Factory: Inside the FBI's Manufactured War on Terrorism«, Ig Publishing, 2014.

Ahamed, Liaquat: »Lords of Finance: The Bankers Who Broke The World«, Penguin Books, 2009.

Charles Austin Beard: »Appearances and Realities: President Roosevelt and the Coming of the War, 1941«, Routledge, 2003

Bookstaber, Richard: »A Demon of Our Own Design: Markets, Hedge Funds, and the Perils of Financial Innovation«, John Wiley & Sons, 2007.

Bruner, Robert F.: »The Panic of 1907: Lessons Learned from the Market's Perfect Storm«, John Wiley & Sons, 2007.

Buchter, Heike: »Blackrock: Eine heimliche Weltmacht greift nach unserem Geld«, Campus Verlag, 2015.

Butler, Smedley: »War is a Racket: The Antiwar Classic by America's Most Decorated Soldier«, Skyhorse Publishing, Neuauflage 2016.

Chossudovsky, Michel: »Globalization of Poverty and the New World Order«, Gazelle Book Services, 2005.

Chossudovsky, Michel & Marshall, Andrew Gavin (Herausgeber): »Bust: Greece, the Euro and the Sovereign Debt Crisis«, Gordon and Breach Publishers, 2010.

Cohan, William D.: »Money and Power: How Goldman Sachs Came to Rule The World«, Penguin Books, 2012.

Conway, Ed: The Summit: Bretton Woods, 1944: J. M. Keynes and the Reshaping of the Global Economy. Pegasus Books, 2015.

Eichengreen, Barry: »Die großen Crashs 1929 und 2008: Im Spiegelsaal der Geschichte«. FinanzBuch Verlag, 2017.

Engdahl, William: »A Century of War: Anglo-American Oil Politics and the New World Order«, edition engdahl, 2011.

Engdahl, William: »Gods of Money: Wall Street and the Death of the American Century«, edition engdahl, 2010.

Ganser, Daniele: »Europa im Erdölrausch: Die Folgen einer gefährlichen Abhängigkeit«. Orell Füssli, 2014.

Goodson, Stephen Mitford: »A History of Central Banking and the Enslavement of Mankind«, Black House Publishing Ltd, 2014.

Griffin, G. Edward: »The Creature from Jekyll Island: A Second Look at the Federal Reserve«, American Media, 2010.

Hartung, William D.: »Prophets of War: Lockheed Martin and the Making of the Military-Industrial Complex«, Nation Books, 2012.

Heresch, Elisabeth: »Geheimakte Parvus: Die gekaufte Revolution«. Langen-Müller, 2000.

Hofbauer, Hannes: »Feindbild Russland: Geschichte einer Dämonisierung«, Promedia Verlag, 2016.

Kay, John: »Other People's Money: Masters of the Universe or Servants of the People?«, Profile Books, 2015.

Katusa, Marin: »The Colder War: How the Global Energy Trade Slipped from America's Grasp«, John Wiley & Sons, 2014.

Keynes, John Maynard: »Krieg und Frieden: Die wirtschaftlichen Folgen des Vertrags von Versailles«. Heinrich von Berenberg Verlag, 2014.

Knuth, Edwin Charles & Carr, William Guy: »The Money Power: Empire of the City and Pawns in the Game«. ProgressivePress.com, 2012.

Kruse, Wolfgang: »Der erste Weltkrieg«, Wissenschaftliche Buchgesellschaft, 2014.

Lebor, Adam: »Tower of Basel: The Shadowy History of the Bank that Runs The World«, Public Affairs, 2013.

Lenin, Wladimir: »Staat und Revolution: Die Lehre des Marxismus vom Staat und die Aufgaben des Proletariats in der Revolution«. Verlag Das Freie Buch, 2001.

Lewis, Michael: »The Big Short: Inside the Doomsday Machine«. W.W. Norton & Company. 2011.

Lowenstein, Roger: »When Genius Failed: The Rise and Fall of Long Term Capital Management«. Harper Collins, 2001.

Lüders, Michael: »Wer den Wind sät: Was westliche Politik im Orient anrichtet«, C.H. Beck, 2015.

Lüders, Michael: »Die den Sturm ernten: Wie der Westen Syrien ins Chaos stürzte«, C.H. Beck, 2017.

Lynn, Mathew: »Bust: Greece, the Euro and the Sovereign Debt Crisis«, John Wiley & Sons, 2010.

Mallaby, Sebastian: »More Money Than God: Hedge Funds and the Making of a New Elite«, Penguin Books, 2011.

McLean, Bethany: »The Smartest Guys in the Room: The Amazing Rise and Scandalous Fall of Enron«, Penguin Books, 2004.

Nomi Prins: »All the President's Bankers. The Hidden Alliances That Drive American Power«, Nation Books, 2015

Quigley, Carroll: »Anglo-American Establishment«, Gsg & Associates, 1981.

Rickards, James: »Die Geldapokalypse: Der Kollaps des internationalen Geldsystems«. FinanzBuch Verlag, 2014.

Rickards, James: »Der Weg ins Verderben: Wie die Eliten die nächste Krise vorbereiten und wie Sie sich davor schützen können«. FinanzBuch Verlag, 2017

Schiesser, Gerhard und Trauptmann, Jochen: »Russisch Roulette«, Das Neue Berlin, 1998.

Silber, William L.: »When Washington shut down Wall Street: The Great Financial Crisis of 1914 and the Origins of America's Monetary Supremacy«, Princeton University Press, 2008.

Sorkin, Andrew Ross: »Too Big to Fail: The Inside Story of How Wall Street and Washington Fought to Save the Financial System – and Themselves«, Penguin Books, 2010.

Steil, Benn: »Battle of Bretton Woods: John Maynard Keynes, Harry Dexter White, and the Making of a New World Order«, Princeton University Press, 2014.

Sutton, Antony C.: »Wall Street und der Aufstieg Hitlers«, Perseus Verlag, 2013.

Sutton, Antony C.: »Wall Street and the Bolshevik Revolution: The Remarkable True Story of the American Capitalists Who Financed the Russian Communists«, Clairview Books, 2012.

Sutton, Antony C.: »The Federal Reserve Conspiracy«, Dauphin Publications Inc., 2014.

Talbot, David: »Das Schachbrett des Teufels: Die CIA, Allen Dulles und der Aufstieg Amerikas heimlicher Regierung«, Westend Verlag, 2016.

Verhey, Jeffrey: »Der ›Geist von 1914‹ und die Erfindung der Volksgemeinschaft«, Hamburger Edition HIS, 2000.

Register

Z